全国普通高等教育中医药类精编教材

正常人体解剖学实验指导

(供中医药类、中西医结合等专业用)

主　编	严振国
副主编	白丽敏
	张力华
	李亚东

上海科学技术出版社

图书在版编目(CIP)数据

正常人体解剖学实验指导/严振国主编. —上海：
上海科学技术出版社,2006.8（2020.10 重印）
全国普通高等教育中医药类精编教材. 供中医药
类、中西医结合等专业用
ISBN 978-7-5323-8443-3

Ⅰ. 正... Ⅱ. 严... Ⅲ. 人体解剖学－中医学院－
教学参考资料 Ⅳ. R322

中国版本图书馆 CIP 数据核字(2006)第 032211 号

正常人体解剖学实验指导
主编 严振国

上海世纪出版股份有限公司
上海科学技术出版社 出版
（上海钦州南路 71 号 邮政编码 200235）
上海世纪出版股份有限公司发行中心发行
200001 上海福建中路 193 号 www.ewen.co
上海华顿书刊印刷有限公司印刷
开本 787×1092 1/16 印张 5.5
字数 110 千字
2006 年 8 月第 1 版 2020 年 10 月第 12 次印刷
ISBN 978-7-5323-8443-3/R·2220
定价：15.00 元

本书如有缺页、错装或坏损等严重质量问题，请向工厂联系调换

全国普通高等教育中医药类精编教材

《正常人体解剖学实验指导》编委会名单

主　编	严振国（上海中医药大学）
副主编	白丽敏（北京中医药大学）
	张力华（成都中医药大学）
	李亚东（黑龙江中医药大学）
编　委	（以姓氏笔画为序）
	关建军（陕西中医药大学）
	杨茂有（长春中医药大学）
	张连洪（辽宁中医药大学）
	张作涛（贵阳中医学院）
	陈　跃（福建中医药大学）
	邵水金（上海中医药大学）
	邰浩清（南京中医药大学）
	聂绪发（湖北中医药大学）
	梁明康（广西中医药大学）
	熊艾君（湖南中医药大学）
绘　图	严　蔚（上海市徐汇区教师进修学院）
秘　书	邵水金（上海中医药大学）

全国普通高等教育中医药类精编教材

专家指导委员会名单

（以姓氏笔画为序）

万德光	马 骥	王 华	王 键	王乃平
王之虹	王永炎	王洪琦	王绵之	王新陆
尤昭玲	邓铁涛	石学敏	匡海学	朱文锋
乔旺忠	任继学	刘红宁	刘振民	严世芸
杜 建	肖鲁伟	吴勉华	张伯礼	陆德铭
周仲瑛	项 平	祝彼得	顾 瑛	唐俊琪
陶功定	梁光义	彭 勃	谢建群	翟双庆

前　言

中医教材是培养中医人才和传授医学知识的重要工具,高质量的教材是提高中医药院校教学质量的关键之一。根据教育部《关于普通高等教育教材建设与改革的意见》的精神,为了进一步提高中医教材的质量,更好地把握新世纪中医药教学内容和课程体系的改革方向,让高等中医药院校有足够的、高质量的教材可供选用,以促进中医药教育事业的发展;为了继承创新、发扬光大中国传统医学,让学生在规定的课时内,牢固掌握本门学科的基础知识和基本技能,着重培养学生的创新能力和实践能力。全国高等中医药教学管理研究会和上海科学技术出版社共同组织,全国各中医药院校积极参与,共同编写了本套供中医药院校本科生使用的"全国普通高等教育中医药类精编教材"。

"精编教材"概念的提出是基于上海科学技术出版社在组织教材编写、出版的经验,是对中医教学内容和教学方法规律探索的体会,是对中医人才培养目标的理解。本套教材是以国家教育部新版的教学大纲和国家中医药执业医师资格考试要求为依据,以上海科学技术出版社出版的以突出中医传统和特色的高等医药院校教材(五版)及反映学科发展新成果的普通高等教育中医药类"九五"规划教材(六版)为蓝本,充分吸收现有国内外各种版本中、西医教材的合理创新之处。从教材规划到编写的各个环节,层层把关,步步强化,重在提高内在质量和精编意识。既体现在精心组织,高度重视,以符合教学规律;又体现在精心编写,在"三基"、"五性"和"三特定"的教材编写原则下,确保内容精练、完整,概念准确,理论体系完整,知识点结合完备,并有创新性和实用性,以切合教学实际,结合临床实践,力求"精、新、实、廉"的特点。同时,教材编排新颖,版式紧凑,形式多样,主体层次清晰,类目与章节安排合理、有序,充分体现了清晰性、易读性及和谐性。

在本套教材策划、主编遴选、编写、审定过程中,得到了专家指导委员会各位专家的精心指导,得到了全国各中医药院校的大力支持,在此一并致谢!

一纲多本、形式多样是高等教育教材改革的重要内容之一,教材质量的高低直接影响到人才的培养,殷切希望各中医药院校师生和广大读者在使用中进行检验,并提出宝贵意见,使本套精编教材更臻完善,成为科学性更强、教学效果更好、更符合现代中医药院校教学的教材。

全国普通高等教育中医药类精编教材
编审委员会
2006年3月

编写说明

《正常人体解剖学实验指导》是正常人体解剖学教学中阅读教材和观察标本的指导性教材,内容与上海科学技术出版社出版的全国普通高等教育中医药类精编教材《正常人体解剖学》一致,并汲取全国中医药院校的教学经验和实践,参照国家制定的《高等医学院校正常人体解剖学教学大纲》编写而成。内容有目的要求、教学时数、实验教具、注意事项、参考教材、实习内容及复习思考题,适用于中医、中西医结合、针灸、推拿、骨伤、护理等专业教学使用。

本教材由全国13所中医药院校参与,编委会中的熊艾君、梁明康、关建军更付出了巨大努力,经过修改和统稿,最后由主编定稿。在编写过程中,得到全国许多兄弟院校同道、领导和上海科学技术出版社的关心、支持,使本教材能够面世,特此致以衷心的感谢。

教材永远是在使用中不断改进的,虽尽力编写,但不妥之处在所难免,恳请各兄弟院校在使用本教材过程中提出宝贵意见,以便再版时修订,使之更臻完善,先致谢意。

严振国

上海中医药大学

2006年3月

目 录

绪 论 ……………………………………………………………………… 1
  一、人体解剖学实验的任务 ……………………………………… 1
  二、人体解剖学实验的方法和要求 ……………………………… 1

第一章 运动系统 ………………………………………………… 2
 第一节 骨学 ……………………………………………………… 2
  一、总论 …………………………………………………………… 2
  二、躯干骨 ………………………………………………………… 3
  三、上肢骨 ………………………………………………………… 5
  四、下肢骨 ………………………………………………………… 7
  五、颅骨 …………………………………………………………… 8
 第二节 关节学 …………………………………………………… 11
  一、总论 …………………………………………………………… 11
  二、躯干骨的连结 ………………………………………………… 12
  三、上肢骨的连结 ………………………………………………… 13
  四、下肢骨的连结 ………………………………………………… 15
  五、颅骨的连结 …………………………………………………… 17
 第三节 肌学 ……………………………………………………… 18
  一、躯干肌和头颈肌 ……………………………………………… 18
  二、四肢肌 ………………………………………………………… 21

第二章 消化系统 ………………………………………………… 26
 第一节 消化管 …………………………………………………… 26
 第二节 消化腺和腹膜 ………………………………………… 29

第三章 呼吸系统 ………………………………………………… 32

第四章 泌尿系统 ………………………………………………… 35

第五章 生殖系统 ………………………………………………… 37
 第一节 男性生殖器 ……………………………………………… 37

第二节 女性生殖器 …………………………………… 39
附 乳房、会阴 ………………………………………… 40

第六章 脉管系统 …………………………………………… 42
第一节 心血管系统 …………………………………… 42
　　一、心 ……………………………………………… 42
　　二、肺循环的血管 ………………………………… 44
　　三、体循环的动脉 ………………………………… 45
　　四、体循环的静脉 ………………………………… 48
第二节 淋巴系统 ……………………………………… 51

第七章 内分泌系统 ………………………………………… 53

第八章 感觉器 ……………………………………………… 54
第一节 视器 …………………………………………… 54
第二节 前庭蜗器 ……………………………………… 56

第九章 神经系统 …………………………………………… 58
第一节 脊髓 …………………………………………… 58
第二节 脊神经 ………………………………………… 59
第三节 脑 ……………………………………………… 62
第四节 脑神经 ………………………………………… 65
第五节 传导通路 ……………………………………… 67
第六节 自主神经系统 ………………………………… 70
第七节 脑和脊髓的被膜、脑室和脑脊液、脑的血管 …… 71

绪　　论

一、人体解剖学实验的任务

人体解剖学是一门形态科学,直观性强,名词多、描写多是其特点。形态学的学习方法主要是听课和实验。人体解剖学实验是在老师的指导下,学生通过对人体形态结构进行独立的观察、寻认、分析、对比、描述、记忆、归纳总结,从而获得比较全面、系统的正常人体解剖学知识。其主要任务是通过对尸体标本和教学模型的观察,活体的触摸,加深对形态知识的理解,将形态学活,帮助学生记忆。在实验时,要坚持形态和功能相互依存的观点、进化发展的观点、局部与整体统一的观点、理论与实验相结合的观点。在学习中,要学会将教材、标本、模型、图谱和多媒体教学软件有机结合起来,以达到正确、全面地认识和记忆人体形态结构,学好人体解剖学的目的。

二、人体解剖学实验的方法和要求

人体解剖学实验课一般采取实验要点讲授、学生独立观察标本(或示教)和老师课后小结(包括答疑、引导学生归纳小结以及进一步明确目的要求等)三个环节。要把人体众多的器官、结构弄清楚,需要边阅读教材和图谱,边仔细观察标本和联系活体,并注意标本的方位和切面,还可画一些简图,以加深印象。看清楚形态以后,还要结合功能和发生来思考,再适当联系临床应用,力求弄懂,这样所学的知识就更灵活,记忆也更牢固。为此,同学们应当从以下几个方面严格锻炼和要求自己。

1. 学会配合使用教材、实验指导、图谱和直观教具(包括模型和标本),独立地进行标本观察。

2. 熟练掌握人体解剖学的常用方位术语及各系统的常用术语,熟悉人体解剖学一般的描述方法及各个系统的特点。

3. 善于利用各种直观教具(包括各种图谱、挂图、标本、模型),帮助自己理解教材中的文字描述和寻认各种结构,并找出辨认的依据。

4. 要重视老师的课堂讲解、提问、示教及小结,不仅要掌握学习的内容,更重要的是掌握学习观点和方法,培养自己的独立观察和独立分析问题能力。

5. 要集中注意力,使自己的思维始终处于积极的状态,争取做到三勤。

(1) 勤动脑:多分析、多思考。

(2) 勤动手:多接触标本、多画图、勤做笔记、勤小结。

(3) 勤动口:勤读、善问、相互讨论。

6. 自觉遵守实验室规则,爱惜教具,培养严谨的科学态度,养成良好的学风。

第一章 运动系统

第一节 骨学

一、总论

【目的要求】

1. 掌握人体骨骼的总数及各部骨的数目。
2. 掌握骨的构造。
3. 熟悉骨的表面形态、分类。
4. 了解骨的理化特性。

【教学时数】

0.5学时。

【实验教具】

1. 标本　①完整骨架；②新鲜猪骨；③煅烧骨；④脱钙骨；⑤骨质的瓶装标本。
2. 模型　①全身骨骼模型；②骨的形态模型。
3. 其他　成人和儿童的膝关节X线片。

【注意事项】

1. 观察骨膜时应用镊子轻轻挟起，不要挟损或撕脱。
2. 观察煅烧骨应轻拿轻放。
3. X线片示教，只需了解其大概，不必深究。

【参考教材】

严振国.正常人体解剖.上海：上海科学技术出版社,2006.6～8

【实习内容】

正常成人共有206块骨，其中躯干骨（椎骨、胸骨及肋）51块，颅骨（包括3对听小骨）29块，上肢骨64块，下肢骨62块，共计206块。

1. 骨的形态

(1) **长骨**：呈长管状，分布于四肢，有一干和两端。干又称**骨体**，内有髓腔，两端膨大称骺,游离面有一光滑的关节面。

(2) **短骨**:形似立方体,多成群分布于连结牢固且较灵活的部位,如腕骨和跗骨。

(3) **扁骨**:呈板状,主要构成颅腔、胸腔和盆腔的壁,如颅盖骨和肋骨。

(4) **不规则骨**:形态不规则,如椎骨。

2. 骨的构造

(1) 骨密质、骨松质、骨膜和骨髓腔的观察:取一湿的长骨标本,可见在骨的外表覆有一层纤维性膜,即为**骨膜**。再取一长骨纵剖标本和新鲜猪骨观察,在骨干中央有一空腔称**骨髓腔**,观察其腔内的**黄骨髓**。其周围及两端骺外层的骨质质地致密者称**骨密质**,长骨骺内部的骨质结构疏松,呈海绵状为**骨松质**,其内为**红骨髓**。

(2) X 线片(示教)

1) 在 X 线片上按上述部位,可观察到骨密质、骨松质和骨髓腔。

2) 在小儿胫骨的上端(或下端),可见到有不显影的带状或线状部分称**骺软骨**,与成人胫骨对照,可见在成人胫骨的上端(或下端)有一均匀一致的白线条称**骺线**。

(3) 骨的理化特性

1) 煅烧骨(去掉有机质):虽形状不变,但脆而易碎。取煅烧骨一段,用手轻压,观察其结果。

2) 脱钙骨(去掉无机质):取一用稀盐酸浸泡过的骨,仍具有骨的原形,但柔软而有弹性,可打"结"。

3) 再取未经处理的骨,与上述两者比较,观察其物理特性,并说明理由。

【复习思考题】

1. 运动系由(   )、(   )和(   )组成。

2. 骨的形态包括(   )、(   )、(   )和(   )四种。

3. 何谓骺软骨、骨膜?

4. 简述构成骨的主要结构。

二、躯干骨

【目的要求】

1. 掌握躯干骨的名称、数目、位置及各骨的主要形态结构。

2. 熟悉椎骨的一般形态和各部椎骨的特征,胸骨及肋骨的一般形态结构。

3. 掌握躯干骨的骨性标志。

【教学时数】

1.5 学时。

【实验教具】

1. 标本   ① 完整骨架;② 串连椎骨标本;③ 骨盆标本;④ 胸骨;⑤ 肋骨;⑥ 各部椎骨标本。

2. 模型   ① 脊柱模型;② 胸椎模型、腰椎模型;③ 颈椎模型(包括一般颈椎、寰椎、枢椎、隆椎)。

【注意事项】

1. 观察标本时,应参照教材上的插图,把标本放在解剖位置,分清其上、下、前、后、左、右各方向,遇有疑难问题,可对照完整骨架解决。

2. 重要骨性标志在活体上摸认。

3. 实验完毕后必须把标本、模型整理好,若发现散失或损坏,应及时向带教老师报告。

【参考教材】

严振国.正常人体解剖学.上海:上海科学技术出版社,2006.8~12

【实习内容】

躯干骨共 51 块,其中椎骨 26 块(颈椎 7 块、胸椎 12 块、腰椎 5 块、骶骨 1 块、尾骨 1 块),胸骨 1 块,肋 24 块。

1. **椎骨**

(1) 椎骨的一般形态:取胸椎标本观察。

每个椎骨都由椎体、椎弓构成。**椎体**在椎骨的前方中部,呈短圆柱状。**椎弓**为椎体后方呈弓形的骨板。椎体与椎弓围成**椎孔**。全部椎孔贯通,构成容纳脊髓的**椎管**。椎弓与椎体相连的部分较细称**椎弓根**,两侧椎弓根向后内扩展变宽,称**椎弓板**。椎弓根的上、下缘各有一切迹,相邻椎骨的上、下切迹共同围成**椎间孔**,有脊神经和血管通过。椎弓上伸出 7 个突起,即向两侧伸出的一对**横突**,向上伸出的一对**上关节突**,向下伸出的一对**下关节突**,向后伸出单一的**棘突**。

(2) 各部椎骨的特点

1) **颈椎**:共有 7 个,其中第 1、第 2、第 7 颈椎形态特殊。

一般颈椎的特点:椎体较小,椎孔较大,呈三角形。横突上有孔,称横突孔,内有椎动、静脉通过。第 2~6 颈椎的棘突较短,末端分叉。

特殊颈椎的特点:

第 1 颈椎又称**寰椎**,呈环形,无椎体、棘突和关节突,由**前弓**、**后弓**和两侧的**侧块**构成。侧块上、下有关节面分别与枕髁和第 2 颈椎相关节,前弓的后面有齿突凹,与枢椎的齿突相关节。

第 2 颈椎又称**枢椎**,由椎体向上伸出**齿突**,与寰椎前弓的齿突凹相关节。

第 7 颈椎又称**隆椎**,棘突特别长,末端不分叉,体表容易摸认,是临床计数椎骨和针灸取穴的标志。

2) **胸椎**:共 12 个,其主要特点是椎体两侧和横突上有与肋骨相关节的肋凹。棘突较长,斜向后下,彼此掩盖,呈叠瓦状。

3) **腰椎**:共 5 个,特点为椎体粗大,棘突短宽,呈板状,水平伸向后方,故相邻棘突之间的间隙较大,临床上可在此处作腰椎穿刺术。

4) **骶骨**:成人骶骨由 5 块骶椎融合而成,故骶骨有些结构与椎骨相似,有的则是椎骨愈合的遗迹。骶骨呈三角形,**底**向上,**尖**向下,前面光滑微凹,上缘中份向前隆凸称岬。中部有 4 条横线,是椎体融合的痕迹。横线两端有 4 对**骶前孔**。背面隆凸粗糙,有 4 对**骶后孔**。骶前、后孔均与骶管相通,有骶神经前、后支及血管通过。骶管上连椎管,下端的开口称**骶管裂孔**,裂孔两侧有向下突出的**骶角**,骶管麻醉常以骶角作为标志。骶骨两侧的上份有耳状面与髂骨的耳状面构成骶髂关节。

5) **尾骨**:由 4~5 块退化的尾椎融合而成。上接骶骨,下端游离为尾骨尖。

2. **胸骨** 位于胸前壁正中,上宽下窄,属于扁骨。自上而下分为**胸骨柄**、**胸骨体**和**剑突**三部分。胸骨柄上缘有三个切迹,正中的称**颈静脉切迹**,两侧有**锁切迹**,与锁骨相接。胸骨中部呈长方形,称**胸骨体**。体与柄连接处微向前突,称**胸骨角**,体表可触及,平对第2肋,是计数肋骨的重要标志。胸骨角平对第4胸椎体下缘。胸骨体下端为一形状不定的薄骨片,称**剑突**。

3. **肋** 由**肋骨**和**肋软骨**构成,共12对。现只观察肋骨。除第1肋外,其余各肋形态大致相同。肋骨为细而长的弓状扁骨,分为中部的体和前、后两端。前端稍宽,与肋软骨相接。后端膨大,称**肋头**,有肋头关节面与胸椎肋凹相关节。肋头外侧的狭细部分称**肋颈**。颈外侧的粗糙突起,称**肋结节**,有肋结节关节面与相应胸椎的横突肋凹相关节。肋体分内、外两面及上、下两缘。在内面近下缘处有一浅沟称**肋沟**,有肋间神经、血管经过。肋体的后份弯曲度更为明显,称**肋角**。

躯干骨观察完毕后,请同学们对照骨标本,在自己的身体上摸认下列各骨性标志:隆椎棘突、骶角、颈静脉切迹、胸骨角、剑突、肋骨。

【复习思考题】
1. 躯干骨由(　　　)、(　　　)和(　　　)组成。
2. 椎骨一般由(　　　)、(　　　)和(　　　)构成。
3. 胸骨由上而下可分为(　　　)、(　　　)和(　　　)三部分。
4. 何谓椎孔、椎管、椎间孔?

三、上肢骨

【目的要求】
1. 掌握上肢骨的名称、数目、位置。
2. 掌握肩胛骨、锁骨、肱骨、桡骨和尺骨的主要结构。
3. 掌握上肢骨的重要骨性标志。
4. 熟悉手部骨的名称、位置排列。

【教学时数】
1～1.5学时。

【实验教具】
1. 标本 ① 完整骨架;② 全套上肢骨。
2. 挂图 ① 全身骨骼挂图;② 肩胛骨前、后面观挂图。
3. 其他 成人手骨X线片。

【注意事项】
观察时,首先要按实习内容的描述,把骨标本放在解剖位置,注意分清前、后和左、右,其次要经常对照完整骨架观察,熟悉各骨的结构在整体中的位置。

【参考教材】
严振国.正常人体解剖学.上海:上海科学技术出版社,2006.12～16

【实习内容】
上肢骨(32块×2)包括上肢带骨(锁骨1块×2、肩胛骨1块×2)和自由上肢骨[肱骨1块×2、尺骨1块×2、桡骨1块×2、手骨(腕骨8块×2、掌骨5块×2、指骨14块×2)],两侧共计64块。

1. **上肢带骨**
(1) **锁骨**:位于胸廓前上方,呈"～"形。内侧端粗大称**胸骨端**,与胸骨柄相关节;外侧端扁平为**肩峰端**，与肩峰相关节。锁骨对固定上肢、支撑肩胛骨、便于上肢灵活运动起重要作用，其全长均可在体表摸到，是重要的体表标志。

(2) **肩胛骨**：为一个三角形扁骨，位于胸廓后外侧的上份，介于第2～7肋骨之间。可分为三缘、三角和两面。上缘的外侧部有一弯曲的指状突起，称**喙突**。内侧缘较薄，又称**脊柱缘**。外侧缘肥厚邻近腋窝又称**腋缘**。**上角**在内上方，平对第2肋。下角平第7肋水平，体表易于摸到，为计数肋的标志。外侧角膨大，有朝向外侧的关节面，称**关节盂**，与肱骨头相关节。前面与胸廓相对，为一大的浅窝，称**肩胛下窝**。后面被一向前外上方突出的骨嵴称**肩胛冈**，其上、下方分别称为**冈上窝**和**冈下窝**。肩胛冈向外侧延伸的扁平突起称**肩峰**，是肩部的最高点。

2. 自由上肢骨

(1) **肱骨**：位于臂部，是典型的长骨，可分为一体和两端。

上端有呈半球形的**肱骨头**，与肩胛骨的关节盂相关节。头周围的环形浅沟，称**解剖颈**。颈的外侧和前方有隆起的**大结节**和**小结节**。大、小结节之间有**结节间沟**。上端与体交界处稍细为**外科颈**。

肱骨体中部外侧面有一粗糙隆起称**三角肌粗隆**，为三角肌附着处。在粗隆的后内侧有一斜行浅沟称**桡神经沟**，内有同名神经经过。肱骨中部骨折可伤及桡神经。

肱骨下端外侧部有半环形的**肱骨小头**，内侧部为形如滑车状的**滑车切迹**。滑车的后上方有一深窝，称**鹰嘴窝**。小头的外侧和滑车内侧各有一突起，分别称为**外上髁**和**内上髁**。内上髁的后下方有**尺神经沟**，内上髁骨折或肘关节脱位时，可伤及沟内的尺神经。

(2) **桡骨**：位于前臂外侧，分一体和两端。上端稍膨大称**桡骨头**，上面有关节凹，与肱骨小头形成肱桡关节。头的周围为**环状关节面**，与尺骨桡切迹形成桡尺近侧关节。头下方稍细称**桡骨颈**。颈的内下侧有突起的**桡骨粗隆**。桡骨下端粗大，外侧有突向下的锥形突起，称**桡骨茎突**，为骨性标志。下端的内侧面有与尺骨头相关节的**尺切迹**。下面有腕关节面与腕骨形成的桡腕关节。

(3) **尺骨**：位于前臂的内侧，分一体和两端。上端的前面有一大的凹陷关节面，称**滑车切迹**（又称**半月切迹**），与肱骨滑车相关节。切迹的上下方各有一突起，上方大者称**鹰嘴**，下方小者为**冠突**。冠突的外侧面有**桡切迹**，与桡骨相关节。尺骨下端称**尺骨头**，其后内侧向下的突起称**尺骨茎突**。

(4) **手骨**：分为腕骨、掌骨和指骨（用串连的手骨标本并结合手部X线片观察）。

1) **腕骨**：由8块小的短骨组成，它们排列成远侧、近侧两列，每列4块。由桡侧向尺侧，近侧列依次为**手舟骨**、**月骨**、**三角骨**和**豌豆骨**；远侧列为**大多角骨**、**小多角骨**、**头状骨**和**钩骨**。手舟骨、月骨和三角骨近端共同形成一椭圆形的关节面，与桡骨的腕关节面及尺骨下端的关节盘构成桡腕关节。所有腕骨在掌面形成一凹陷的腕骨沟。

2) **掌骨**：5块，由桡侧向尺侧，依次称第1～5掌骨。掌骨分一体和两端，近侧端称**掌骨底**，远侧端称**掌骨头**，底和头之间部分称**掌骨体**。

3) **指骨**：共14节，除拇指仅有2节外，其余4指均为3节，由近端向远端依次为近节指骨、中节指骨和远节指骨。指骨的近端称**指骨底**，中间部为**指骨体**，远端为**指骨滑车**。

上肢骨观察完毕后，请同学们对照骨标本，在自己身体上摸认下列各骨性标志：锁骨、肩胛骨、肩胛骨下角、肩峰、鹰嘴、肱骨内上髁、肱骨外上髁、尺骨头、尺骨茎突、豌豆骨和掌骨等。

【复习思考题】

1. 简述上肢骨的组成及排列位置。
2. 肱骨下端和尺骨上端的形态各有哪些重要的结构?
3. 填图题(填出图1-1拉线所示结构的名称)。

四、下肢骨

【目的要求】

1. 掌握下肢骨的名称、位置排列。
2. 掌握髋、股、胫、腓各骨的主要结构。
3. 掌握下肢骨的骨性标志。
4. 熟悉足骨的名称、位置排列。
5. 了解髌骨的位置。

【教学时数】

1学时。

【实验教具】

1. 标本　① 完整骨架;② 全套下肢骨;③ 小儿髋骨。
2. 其他　① 成人足骨X线片;② 小儿髋骨X线片(观察髋臼)。

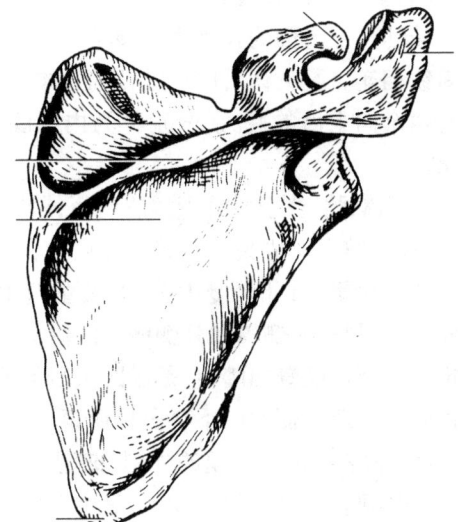

图1-1　肩胛骨(后面)

【注意事项】

参阅上肢骨注意事项,并注意髋骨的正常解剖位置,跗骨的名称和位置关系。

【参考教材】

严振国.正常人体解剖学.上海:上海科学技术出版社,2006.16～19

【实习内容】

下肢骨(31块×2)包括下肢带骨[髋骨1块×2(由髂骨、坐骨、耻骨组成)]和自由下肢骨[股骨1块×2、髌骨1块×2、胫骨1块×2、腓骨1块×2、足骨(跗骨7块×2、跖骨5块×2、趾骨14×2)],两侧共计62块。

1. **下肢带骨**　**髋骨**属于不规则骨,幼年时的髋骨由髂骨、耻骨和坐骨借软骨连结而成(可在小儿髋骨标本上观察),15岁左右软骨骨化,三骨融合成一骨。在融合部的外侧面有一深窝,称**髋臼**。坐、耻骨之间围成**闭孔**。

(1) **髂骨**:构成髋骨的后上部,其上缘肥厚,称**髂嵴**。髂嵴的前上棘后方5～7 cm处,髂嵴向外侧突出称**髂结节**,为一重要的骨性标志,临床常在此进行骨髓穿刺抽取红骨髓检查其造血功能。两侧髂嵴的最高点的连线,约平第4腰椎棘突,是临床确定椎骨序数的方法之一。髂嵴前端为**髂前上棘**,后端为**髂后上棘**。在髂前、后上棘的下方各有一突起,分别称**髂前下棘**和**髂后下棘**。髂骨内面光滑凹陷,称**髂窝**。窝的后部骨面粗糙不平,有一耳状形的关节面,称**耳状面**,与骶骨耳状面相关节。

(2) **坐骨**:构成髋骨的后下部,其下端为肥厚而粗糙的**坐骨结节**,是坐骨的最低点可触及。结节的上方有一尖锐的突起,称**坐骨棘**,坐骨棘的上下分别有**坐骨大切迹**和**坐骨小切迹**。

(3) **耻骨**:构成髋骨的前下部,耻骨的上缘锐薄,称**耻骨梳**。耻骨梳向前终于**耻骨结节**。

两耻骨的相对面为粗糙呈卵圆形的**耻骨联合面**。

2. 自由下肢骨

(1) **股骨**：位于大腿部，是全身最长最粗的长骨，可分为一体和两端。

上端有球形的**股骨头**，与髋臼相关节，头的外下方较细部分为**股骨颈**，体与颈交界处有两个隆起，上外侧为**大转子**(同学们用手掌贴在股上部的外侧，并旋转下肢，可以感到大转子在手掌下转动)，下内侧的较小为**小转子**。大、小转子之间，在后方有隆起的**转子间嵴**，在前面以**转子间线**相连。股骨体后面有纵行的骨嵴，称**粗线**，此线上端分叉，向外上延伸为**臀肌粗隆**。下端有两个向下后的膨大，分别称为**内侧髁**和**外侧髁**。两髁侧面最突起处，分别为**内上髁**和**外上髁**。

(2) **髌骨**：位于股骨下端的前面，股四头肌腱内，上宽下尖，前面粗糙，后面为光滑的关节面，与股骨髌面形成关节。髌骨可在体表摸到。

(3) **胫骨**：位于小腿内侧，对负重起重要作用。故较粗壮，分一体和两端。上端膨大，向两侧突出，形成**内侧髁**和**外侧髁**。两髁之间有向上的隆起称**髁间隆起**。上端与体移行处前面的粗糙隆起称**胫骨粗隆**，它是股四头肌腱的附着处。胫骨体呈三棱形，其前缘和内侧面在体表可摸到。下端内侧面向下突出称**内踝**。

(4) **腓骨**：位于小腿的外侧，细而长，上端略膨大称**腓骨头**，头下方变细称**腓骨颈**，下端膨大称为**外踝**。腓骨头浅居皮下，是重要的骨性标志。

(5) **足骨**：可分为**跗骨**、**跖骨**及**趾骨**(用串连的足骨标本并结合足部X线片进行观察)。

1) **跗骨**：共7块，排成三列，后列为**跟骨**和**距骨**，跟骨后部粗糙隆起称**跟骨结节**，距骨上面为**距骨滑车**，与胫、腓骨下端相关节。中列为**足舟骨**。前列为**内侧楔骨**、**中间楔骨**、**外侧楔骨**及**骰骨**。

2) **跖骨**：有5块，由内侧向外侧依次为第1~5跖骨。其后端为**跖骨底**，中间为**跖骨体**，前端为**跖骨头**。

3) **趾骨**：有14节，除踇趾仅两节外，其余各趾为3节。

下肢骨观察完毕后，同学们应在自己的身体上摸认下列骨性标志：髂嵴、髂前上棘、髂后上棘、坐骨结节、耻骨结节、股骨大转子、股骨内侧髁、股骨外侧髁、股骨内上髁、股骨外上髁、髌骨、胫骨内侧髁、胫骨外侧髁、胫骨粗隆、腓骨头、内踝、外踝、跟骨结节。

【复习思考题】

1. 试述髋骨的组成与主要结构。
2. 写出下肢骨中10个骨性标志的名称。

五、颅骨

【目的要求】

1. 掌握颅骨的名称、数目。
2. 掌握鼻旁窦的名称、位置及开口。
3. 掌握颅骨的主要骨性标志。
4. 熟悉颅骨整体观以及颅底内面观的主要孔道和结构，新生儿颅骨的特点。

【教学时数】

1.5学时。

【实验教具】

1. 标本　① 完整颅骨;② 成套的分离颅骨;③ 去顶盖颅骨;④ 矢状切面颅骨;⑤ 婴儿颅标本。

2. 模型　① 成人分离颅骨着色模型;② 颞骨放大模型;③ 蝶骨放大模型;④ 筛骨放大模型;⑤ 舌骨放大模型。

【注意事项】

1. 颅骨某些部位骨质薄而易碎,观察时要轻拿轻放。拿颅时,不得用手插入眶或鼻腔内。

2. 观察分离颅骨时,应随时对比完整颅骨,以便了解分离颅骨及其重要结构在完整颅上的位置。

3. 观察时,要参考教材中的插图,帮助寻找结构。在观察颅底外面观时要特别注意解剖位置。

【参考教材】

严振国.正常人体解剖学.上海:上海科学技术出版社,2006.19~25

【实习内容】

颅骨共23块(不包括6块听小骨),分为脑颅和面颅两部分。

脑颅骨(8块)成对者有顶骨和颞骨,不成对者有额骨、枕骨、筛骨和蝶骨。面颅骨(15块)成对者有鼻骨、泪骨、下颌骨、颧骨、腭骨、下鼻甲骨,不成对者有犁骨、上颌骨和舌骨。

1. 脑颅骨　共8块,位于颅的后上部,围成颅腔,容纳脑。

(1) **额骨**：1块,位于颅的前上部。

(2) **顶骨**：2块,位于颅盖部中线两侧,介于额骨和枕骨之间。

(3) **枕骨**：1块,位于颅的后下部。

(4) **颞骨**：2块,位于颅的两侧,参与颅底和颅腔侧壁的构成。其中参与颅底构成的部分,称**颞骨岩部**,其内含有前庭蜗器。

(5) **蝶骨**：1块,位于颅底,枕骨的前方,形似蝴蝶。

(6) **筛骨**：1块,位于颅底,在蝶骨的前方及左、右两眶之间,通过放大的筛骨模型观察,筛骨额状切面呈"巾"字形,分为三部分。① **筛板**：呈水平位,构成鼻腔的顶,板上有许多小孔,称**筛孔**。② **垂直板**：居正中矢状位,构成骨性鼻中隔的上部。③ **筛骨迷路**：位于垂直板的两侧,内含筛窦;迷路内侧壁上有两个卷曲的小骨片,即**上鼻甲**和**中鼻甲**。

2. 面颅骨　共15块,位于颅的前下部,构成眶、鼻腔、口腔和面部的骨性支架。

(1) **上颌骨**：2块,位于面颅的中央。内有大的含气腔,称**上颌窦**。

(2) **鼻骨**：2块,居两眶之间,构成鼻背。

(3) **颧骨**：2块,位于上颌骨的外上方。

(4) **泪骨**：2块,为一小而薄的骨片,构成眶内侧壁的前部。

(5) **腭骨**：2块,位于上颌骨的后方。

(6) **下鼻甲**：2块,为附于鼻腔外侧壁的一对卷曲薄骨片。

(7) **犁骨**：1块,为矢状位斜方形骨板,构成骨性鼻中隔的后下部。

(8) **下颌骨**：1块,位于面部的前下部,可分为一体和两支。**下颌体**在中央,呈马蹄铁形,上缘有容纳下牙根的牙槽。体的前外侧面有**颏孔**。下颌支是由体向后方伸出的方形骨板,其上缘有两个突起,前为**冠突**,后为**髁突**。髁突上端膨大,称**下颌头**,与下颌窝相关节。下颌支后缘与下颌体相交处,称**下颌角**,下颌支内面中央有**下颌孔**。

(9) 舌骨:1块,呈"U"形,分离独立(借肌肉和韧带与颅相连),位于下颌骨的下方。

3. 颅的整体观

(1) 颅盖:取完整颅骨从上方观察,可看到在额骨和顶骨之间有横行的**冠状缝**,左、右两顶骨之间有**矢状缝**,顶骨和枕骨之间有似呈"人"字形的**人字缝**。

新生儿的颅:取婴儿颅观察,可见颅顶各骨之间的间隙较大。有结缔组织膜填充称**颅囟**。其中最大的囟为**前囟**(又称**额囟**),呈菱形,位于冠状缝与矢状缝会合部。在矢状缝和人字缝相交处,有三角形的**后囟**(又称**枕囟**)。

(2) 颅底

1) 颅底内面观:取颅底标本,可见颅底内面高低不平,由前向后呈阶梯状排列着三个凹陷,分别称颅前窝、颅中窝和颅后窝。窝内有许多孔、裂,它们大多与颅外相通,故观察时,应同时用探针经孔裂探至颅外查看它们在颅外的位置。

颅前窝:由额骨、筛骨和蝶骨构成,窝中央低凹部分是筛骨的**筛板**,板上有许多**筛孔**,有嗅丝通过。

颅中窝:主要由蝶骨和筛骨构成。中央是**蝶骨体**,体上面有容纳垂体的**垂体窝**。窝前两侧有**视神经管**,管外侧有**眶上裂**,它们都通入眶腔。蝶骨体两侧,自前向后依次有**圆孔**、**卵圆孔**和**棘孔**。自棘孔有**脑膜中动脉沟**向外上走行。

颅后窝:主要由枕骨和颞骨岩部构成。窝中内有**枕骨大孔**,孔前方有**斜坡**。孔的前外缘上有**舌下神经管**。孔的后上方有**枕内隆凸**,隆凸两侧有横行的**横窦沟**,横窦沟折向前下续为**乙状窦沟**,末端终于**颈静脉孔**。在颞骨岩部的后面有**内耳门**,由此通入内耳道。

2) 颅底外面观:后部中央有**枕骨大孔**,孔的后上方有**枕外隆凸**,孔两侧有椭圆形关节面为**枕髁**。髁的前外侧有**颈静脉孔**,其前方的圆形孔为**颈动脉管外口**。颈动脉管外口的后外侧有细长的**茎突**,其后外方为颞骨的**乳突**。茎突和乳突之间有**茎乳孔**。茎乳孔前方的凹陷为**下颌窝**,与下颌头相关节。下颌窝前方的横行隆起称**关节结节**。前部有牙槽和硬腭的骨板,向后可见被犁骨分成左右两半的**鼻后孔**。

(3) 颅前面观:主要为两眶和骨性鼻腔等。

1) 眶:呈圆锥形,可分为一尖、一底和四壁,容纳眼球及其附属结构。尖向后内,有视神经管通颅腔。底为眶口,朝向前下,略呈四边形,口的上、下缘分别称**眶上缘**和**眶下缘**。眶上缘上可见**眶上切迹**(或**眶上孔**),在眶下缘中份下方有**眶下孔**。眶的上壁为颅前窝的底;眶内侧壁邻鼻腔和筛窦,近前缘处有**泪囊窝**,向下续为鼻泪管,通入鼻腔,试用探针从泪囊窝经鼻泪管,可通达下鼻道;眶下壁为上颌窦的顶;外侧壁与上、下壁交界处后份各有**眶上裂**和**眶下裂**,内有血管、神经通过。

2) 骨性鼻腔:共4对,为鼻腔周围同名颅骨内含气的空腔,均有开口与鼻腔相通。**额窦**位于额骨内,开口于中鼻道;**上颌窦**最大,位于上颌内,开口于中鼻道,其窦口高于窦底,故直立时不易引流;**筛窦**位于筛骨迷路内,由许多不规则的小房组成,可分为前、中、后筛小房,其中**前、中筛小房**开口于中鼻道,**后筛小房**开口于上鼻道;**蝶窦**位于蝶骨体内,开口于上鼻甲后上方的蝶筛隐窝。

(4) 颅侧面观:通过完整骨侧面观察,可见中部有一骨性孔为**外耳门**,门后方是乳突,前方为**颧弓**,颧弓上方的凹陷为**颞窝**,在颞窝区内,额、顶、蝶、颞4骨交汇处称**翼点**。此处骨质薄弱,外伤和骨折时,易损伤其内面的脑膜中动脉及前支,引起颅内血肿。

颅骨观察完毕后,请同学们对照颅骨标本,在自己身体上认真摸认下列骨性标志：乳突、枕外隆凸、下颌角、下颌头和颧弓。

【复习思考题】

1. 颅中窝和颅后窝内各有哪些重要的孔、裂和沟？
2. 鼻腔外侧壁上有哪些重要结构？
3. 鼻旁窦有哪些？分别写出它们的位置和开口。
4. 在活体上,能摸到颅骨上哪些重要的骨性标志？

第二节 关 节 学

一、总论

【目的要求】

1. 掌握关节的基本结构。
2. 熟悉关节的辅助结构。

【教学时数】

0.5 学时。

【实验教具】

标本　① 全身骨骼标本;② 部分矢状切面椎骨间连结标本;③ 髋关节切开标本;④ 肩关节切开标本;⑤ 下颌关节矢状切面标本。

【注意事项】

学生第一次接触湿标本,在实验时要克服怕"脏"的思想,大胆接触标本。

【参考教材】

严振国. 正常人体解剖学. 上海：上海科学技术出版社,2006.25～27

【实习内容】

1. 直接连结　根据连结组织的不同,直接连结分为纤维连结、软骨连结和骨性结合。

(1) 纤维连结：有韧带连结和缝连结两种形式。

取部分矢状切面椎骨间连结标本,观察相邻椎骨棘突间的棘间韧带及连结相邻椎弓板的黄韧带。用完整颅骨标本,观察颅盖,可见顶骨和额骨交界处的连结有冠状缝;相邻顶骨间的连结为矢状缝;顶骨后端和枕骨之间的连结有人字缝。

(2) 软骨连结：两骨之间借软骨相连。取幼儿骶骨标本,观察相邻椎骨的纤维软骨(椎间盘)或在幼儿髋骨的 X 线片,观察髋臼处髂骨、耻骨、坐骨的连结。

(3) 骨性结合：纤维连结和软骨连结如发生骨化,则称为骨性结合。取成年人骶骨、髋骨,观察他们的结合处。

2. 间接连结

(1) 关节的主要结构:包括**关节面**、**关节囊**和**关节腔**。这些结构为每个关节必有的基本结构,在矢状切面的肩关节标本上,辨认关节面、关节软骨和关节囊。注意关节囊的内面为薄而光滑的**滑膜**,并附着于关节软骨的周缘。关节囊的外层为**纤维膜**,由致密结缔组织构成,并与骨膜连续。

(2) 关节的辅助结构:某些关节为适应其特殊功能,具有一些辅助结构,包括**韧带**、**关节盘**、**半月板**和**关节唇**。在完整膝关节标本上,观察连于股骨外上髁和腓骨头之间的腓侧副韧带及连于股骨内上髁与胫骨内侧髁的胫侧副韧带,两者均为囊外韧带。在切断髌韧带的膝关节,观察位于关节囊内,连于胫骨髁间隆起和股骨内、外侧髁内面的前、后交叉韧带。在矢状切面的下颌关节腔内可见由纤维软骨构成的关节盘,以此将关节腔分为上、下两个腔。在已切开膝关节囊的股骨和胫骨的关节面之间,观察内、外侧半月板。在关节囊已切开的肩关节标本上观察附于肩关节周缘的由纤维软骨环构成的关节唇。

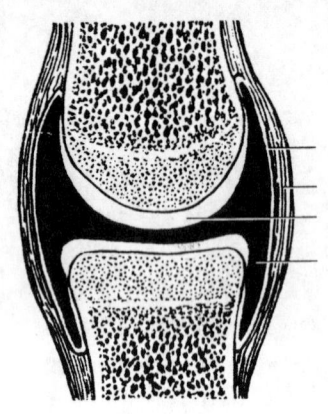

图1-2 关节的模式图

【复习思考题】

1. 何谓直接连结?可分为哪几种类型?
2. 简述关节的基本结构和关节的辅助结构。
3. 填图题(指出图1-2拉线所示结构的名称)。

二、躯干骨的连结

【目的要求】

1. 掌握椎骨间的连结。
2. 掌握脊柱、胸廓的组成及其形态学特征。
3. 了解颅与脊柱间的连结。

【教学时数】

1学时。

【实验教具】

1. 标本 ① 完整骨架;② 部分矢状切面椎骨间连结标本;③ 肋椎连结标本;④ 胸锁及胸肋关节标本。
2. 模型 脊柱模型。
3. 其他 《脊柱》电教片。

【注意事项】

1. 实习各类骨连结时,应紧密配合骨标本进行观察。
2. 注意爱护标本,不得用力拉扯,标本看完后要用湿布盖好或放入保护液中浸好。

【参考教材】

严振国.正常人体解剖学.上海:上海科学技术出版社,2006.27~31

【实习内容】

1. 椎骨间的连结

(1) 椎体间的连结:相邻椎体之间借椎间盘及前、后纵韧带相连。取椎骨连结湿标本观察,可见椎体之间稍膨大,此即连结相邻椎体的**椎间盘**。在脊柱的椎间盘处横断的标本上观察,可见椎间盘中央部为白色而质较软的**髓核**,周围部为多层以同心圆排列的**纤维环**。颈、腰部椎间盘前厚后薄,而胸部椎间盘则相反。同时,注意观察椎间孔的位置。在椎体和椎间盘的前面有上下纵行的**前纵韧带**。从去椎弓标本上观察,可见椎体和椎间盘的后面有纵行的**后纵韧带**。

(2)椎弓、突起间的连结:包括椎弓板、棘突、横突间的韧带连结和上、下关节突之间的关节连结。取正中矢状切面的脊柱标本观察,可见连于棘突尖端纵行的**棘上韧带**,连于两棘突之间较短的**棘间韧带**,连于相邻两椎弓板之间的**黄韧带**。

2. **脊柱**　在完整骨架上观察,可见脊柱位于背部正中,构成人体的中轴。由24块分离的椎骨、1块骶骨和1块尾骨及其连结组成。从侧面观察,脊柱呈"S"形,有颈、胸、腰、骶四个生理弯曲。其中**颈曲、腰曲**凸向前,**胸曲、骶曲**凸向后。从后面观察,脊柱在后正中线上有棘突。颈椎棘突较短,近水平位;胸椎棘突较长,斜向后下,呈叠瓦状,相互掩盖;腰椎棘突呈水平位,棘突之间的间隙较大。

3. **胸廓**　在完整骨架上观察,可见胸廓由12个胸椎、12对肋、1块胸骨和它们之间的连结组成。成人胸廓呈前后略扁、上窄下宽的圆锥形。新生儿的胸廓横径与前后径大致相等,近似桶状。胸廓有上、下两口。**上口**较小,向前下方倾斜,由第1胸椎、第1对肋和胸骨柄上缘围成,是胸腔与颈部的通道。**胸廓下口**宽而不整齐,由第12胸椎和第11、第12对肋及左右肋弓、剑突围成。相邻两肋之间的间隙称**肋间隙**。从前面观察,胸廓前壁最短,胸骨居正中,上7对肋骨前端借助软骨与胸骨相连。第8、第9、第10对肋骨前端依次与上位肋软骨相连,形成**肋弓**。第11、第12对肋前端游离于腹壁肌中。观察完胸廓标本后,同学们可在自己的身体上用手掌紧贴胸廓,然后深呼吸,体会肋前端的移动情况。

【复习思考题】
1. 试述椎体间连结结构的名称、位置和作用。
2. 试述脊柱的组成、生理弯曲和运动。
3. 椎间盘由(　　　　)和(　　　　　　)组成,髓核多向(　　　　　)突出,常压迫(　　　　)。
4. 胸廓由(　　　　)、(　　　　　)和(　　　　　)借关节和韧带连结而成。

三、上肢骨的连结

【目的要求】
1. 掌握肩、肘关节的组成、特点和运动。
2. 熟悉桡腕关节的组成、特点和运动。
3. 了解胸锁关节、肩锁关节的组成和特点,手关节的名称和组成。

【教学时数】
1学时。

【实验教具】
1. 标本　① 肩、肘、桡腕关节标本(包括完整关节和打开关节囊的关节两种);② 前臂骨连结标本(示前臂骨间膜);③ 完整骨架。
2. 模型　手关节模型。
3. 其他　手X线片。

【注意事项】
1. 观察关节的组成时,结合上肢骨标本进行观察。
2. 观察关节的结构特点及运动方式时,不得用力拉扯标本,关节运动方式同学相互体会。

【参考教材】
严振国.正常人体解剖学.上海:上海科学技术出版社,2006.31～35

【实习内容】
上肢骨的连结包括上肢带连结和自由上肢连结。先在完整骨架上观察了解**胸锁关节**和**肩锁关节**的组成,然后重点观察自由上肢连结。

1. **肩关节** 由肱骨头和肩胛骨关节盂构成。

(1) 先取未打开关节囊的标本观察,可见关节囊向上附着于肩胛骨关节盂的周缘,向下止于肱骨的解剖颈。关节囊上部较紧,下部松弛。在肩关节的上方,有横架于肩胛骨喙突和肩峰之间的**喙肩韧带**,从上方保护肩关节。在肱骨结节间沟内有肱二头肌长头腱自关节囊内穿出。此外,肩关节的前、后、上方有许多肌腱跨过,均有加强关节囊的作用,但关节囊的前下方没有肌腱和韧带加强,是关节囊的薄弱点。

(2) 再取打开关节囊的标本观察,可见原先粗糙不平的关节面因有关节软骨覆盖而变为光滑。从关节面形状上看,可见肱骨头的凸面大大超过关节盂的凹面(对关节的运动有何影响?)。在关节盂的周围还可见到一圈颜色较深由纤维软骨构成的盂唇加深关节窝。最后观察关节囊的内、外表面,可见其内表面光滑(滑膜),外表面粗糙(纤维膜)。

(3) 以肩关节为例,在活体上观察关节运动方式,同学甲解剖姿势站立,同学乙用一手固定甲的肩胛骨,另一手握住甲的上肢(注意使上肢保持伸直),并做下列运动。

屈是使臂向前;**伸**是使臂向后;**外展**是使臂远离正中矢状面;**内收**是使臂靠向矢状面;**旋内**是使臂的前面转向前内侧;**旋外**是使臂的前面转向后外侧;**环转**是屈、展、伸、收依次结合的连续运动,运动时上肢正好绘出一圆锥形轨迹。

2. **肘关节**

(1) 取已打开关节囊的标本(结合骨标本)观察肘关节组成,可见肘关节包括三个关节:
肱尺关节:由肱骨滑车和尺骨的滑车切迹构成。
肱桡关节:由肱骨小头和桡骨头的关节凹构成。
桡尺近侧关节:由桡骨头环状关节面和尺骨的桡切迹构成。

(2) 再取未打开关节囊的标本观察,可见关节囊前、后壁薄而松弛,后壁尤为薄弱。关节囊两侧壁厚而紧张,分别形成**桡侧副韧带**和**尺侧副韧带**,可防止桡骨头脱出。

(3) 肘关节的运动方式:主要有屈、伸运动。

(4) 在活体上观察屈肘和伸肘时肱骨内、外上髁与尺骨鹰嘴三者之间的位置关系:肘关节伸直时,肱骨内、外上髁与尺骨鹰嘴三点可在一条直线上;关节屈到90°时,这三点的连线组成一个等腰三角形。

3. **前臂骨连结**

(1) **前臂骨间膜**:为连结桡、尺骨之间的坚韧致密结缔组织膜。取前臂骨连结标本,观察前臂处于旋前或旋后位时骨间膜的紧张度。

(2) **桡尺近侧关节**:在肘关节中已观察。

(3) **桡尺远侧关节**：取已打开关节囊的桡腕关节标本观察，可见此关节由桡骨下端的尺切迹与尺骨头环状关节面连同尺骨头下方的**关节盘**构成。关节盘为三角形纤维软骨板，将尺骨头与腕骨隔开。

(4) **前臂骨的运动**：同学们在自己身上做前臂旋转运动。**旋前**是使前臂的前面向内侧旋转(此时桡骨下端转至尺骨的前方，两骨交叉)，手背向前；**旋后**是使前臂的前面向外侧旋转(此时桡骨下端转向尺骨外侧，桡、尺骨恢复呈并列位置)，手背向后。

4. **手关节** 包括桡腕关节、腕骨间关节、腕掌关节、掌骨间关节、掌指关节和指骨间关节。利用手关节湿标本和手 X 线片重点观察以下关节：

(1) **桡腕关节**(又称**腕关节**)：取打开关节囊的桡腕关节标本观察关节面，可见手舟骨、月骨和三角骨的近侧关节面共同组成关节头，桡骨下端的腕关节面和尺骨头下方的关节盘构成关节窝。

再取未打开关节囊的标本观察，可见关节囊，周围有韧带加强，但这些韧带紧贴关节囊，界线不清。

桡腕关节的运动方式：同学们在自己的身体上，以一手固定前臂，运动关节。桡腕关节可作屈、伸、收、展和环转运动。

(2) **腕掌关节**：由远侧列腕骨与 5 个掌骨底构成。除拇指和小指的腕掌关节外，其余各指的腕掌关节运动范围极小。其中大多角骨与第 1 掌骨底构成的拇指腕掌关节的活动性大，可以灵活作屈、伸、收、展、环转和对掌运动。**对掌运动**是指拇指向掌心及拇指尖与其余四指尖掌侧面相接触的运动。这是人类进行握持和精细操作时所必需的主要动作。

(3) **掌指关节**：共 5 个，由各掌骨头与近节指骨底构成。

(4) **指骨间关节**：共 9 个，在各节指骨之间，只能作屈、伸运动。

【复习思考题】

试述肩关节、肘关节、桡腕关节的组成、结构特点和运动方式。

四、下肢骨的连结

【目的要求】

1. 掌握髋、膝关节的组成、特点及运动。
2. 熟悉距小腿关节的组成、特点及运动。
3. 了解骨盆的组成、分部和性差；足关节的组成、名称和足弓的概念。

【教学时数】

1.5 学时。

【实验教具】

1. 标本 ① 髋关节、膝关节、距小腿关节(完整关节和打开关节囊的关节两种)；② 骨盆标本。
2. 模型 ① 足关节剖面模型；② 男性骨盆模型；③ 女性骨盆模型。

【注意事项】

1. 观察关节的组成时，结合下肢骨标本进行观察。
2. 观察关节的结构特点及运动方式时，不得用力拉扯标本，关节运动方式同学相互体会。

【参考教材】

严振国.正常人体解剖学.上海：上海科学技术出版社,2006.35～40

【实习内容】

下肢骨的连结包括下肢带连结和自由下肢连结。

1. 下肢带连结　有髋骨间的连结**耻骨联合**、**骨盆**以及髋骨与骶骨之间的连结**骶髂关节**等。现重点观察骨盆：

骨盆：取骨盆湿标本(或模型)观察,可见骨盆由左右髋骨、骶骨、尾骨以及所属韧带构成。两髋骨在前方正中线借耻骨联合相连,后方两髋骨的耳状面与骶骨两侧的耳状面连结成稳固的骶髂关节,尾骨则附于骶骨尖的下方,整个骨盆形成稳定而牢固的骨环。

在骶髂关节后下方,骶、尾骨与坐骨之间有两条韧带相连。① **骶结节韧带**：从骶、尾骨的外侧缘至坐骨结节。② **骶棘韧带**：位于结节韧带的前方,从骶、尾骨的外侧缘连至坐骨棘。骶棘韧带与坐骨大切迹围成坐骨大孔,骶棘韧带、骶结节韧带和坐骨小切迹围成坐骨小孔。

骨盆的分部从骶骨岬向两侧经耻骨梳、耻骨结节至耻骨联合上缘连成的环行线称**界线**。骨盆以界线分为上部的**大骨盆**和下部的**小骨盆**,临床所指骨盆系指小骨盆。小骨盆有上、下两口,**骨盆上口**由上述界线围成,**骨盆下口**由尾骨尖、骶结节韧带、坐骨结节和耻骨弓围成。耻骨弓为两侧耻骨下支相连形成的骨性弓。骨盆上、下口之间的腔隙称**骨盆腔**。

骨盆的性差借助男、女骨盆模型,比较两者上口的大小、形状以及耻骨弓的角度。

2. 自由下肢连结

(1) **髋关节**：由股骨头和髋臼构成。

取未打开关节囊的标本观察,可见髋关节的关节囊厚而坚韧,向上附于髋臼周缘,前面向下附于转子间线,后面向下附着于股骨颈内侧2/3,故股骨颈的前面全部包在囊内,后面外侧1/3露在囊外。临床股骨颈骨折有囊内骨折、囊外骨折和混合性骨折之分。关节囊周围有韧带加强,其中以前方的髂股韧带最为强厚,它起自髂前下棘,呈"人"字形跨过关节囊的前方,向下止于转子间线,加强了关节囊前部,并可限制髋关节过伸。关节囊的后下部相对薄弱。

再取已打开关节囊的髋关节标本观察,可见髋臼为一较深的窝,周缘附有一圈颜色较深的纤维软骨环即髋臼唇,增加髋臼的深度。髋臼可容纳股骨头的2/3,限制了髋关节的运动范围,但增加了关节的稳固性(与肩关节标本比较)。关节囊内可见股骨头韧带,连结股骨头凹和髋臼之间。

同学们以解剖学姿势站立,自己运动髋关节。**屈**是使下肢向前运动,**伸**是使下肢向后运动。**外展**是使下肢离开正中矢状面,**内收**是使下肢靠近正中矢状面运动。**旋内**是使大腿的前面向内侧旋转,**旋外**是使大腿的前面向外侧旋转。**环转**是上述屈、伸、展和收运动方式的联合运动。

(2) **膝关节**：由股骨内、外侧髁,胫骨内、外侧髁以及髌骨组成。

取未打开关节囊的标本观察,可见关节囊宽阔而松弛,各部厚薄不一,附于各关节面周缘。囊周围有许多韧带加强。关节囊前壁不完整,前方由髌骨和髌韧带填补。髌韧带扁平而强韧,从髌骨下端向下止于胫骨粗隆,为股四头肌腱的一部分。外侧有**腓侧副韧带**,内侧有**胫侧副韧带**。

取已打开关节囊的标本观察,可见在股骨和胫骨的关节面之间有两块半月形的纤维软骨板,分别称**内侧半月板**和**外侧半月板**。在关节内的中央部稍后方找寻到两条连结于股骨和胫骨之间的短韧带,它们相互交叉称**前、后交叉韧带**。

同学们自己做膝关节的运动,**屈**是使小腿向后方的运动,**伸**是使小腿向前方的运动。

(3) 距小腿关节:又称**踝关节**。取下肢骨标本观察,此关节由胫骨和腓骨下端组成的上关节面和由距骨滑车构成的下关节面(注意此关节面前宽后窄)构成。再取距小腿关节湿标本观察,可见关节囊的前、后壁薄而松弛,两侧有韧带加强。**内侧韧带**(又称**三角韧带**)为坚韧的三角形纤维束,自内踝尖向下,扇形止于足舟骨、距骨和跟骨。**外侧韧带**较薄弱,由不连续的三条独立的韧带组成。

同学们可自己做距小腿关节的运动。**背屈**(伸距小腿关节)是将足向上翘,使足与小腿前面小于直角。**跖屈**(屈距小腿关节)是将足向下压,使足与小腿前面大于直角。

下肢除上述关节外,在跗骨之间有**跗骨间关节**,跗骨与跖骨之间有**跗跖关节**,跖骨与趾骨之间有**跖趾关节**,趾骨与趾骨之间有**趾骨间关节**等,可在骨标本上大致了解,不必深究。跗骨间关节比较复杂,主要可做足内翻和外翻运动。足底面朝向内侧为**足内翻**,足底面朝向外侧称**足外翻**。

(4) 足弓:取下肢骨标本观察,可见足弓是跗骨和跖骨借其连结形成的凸向上的弓。可分为前后方向的**足纵弓**和内外方向的**足横弓**。站立时,足以跟骨结节及第1、第5跖骨头三点着地,使足成为具有弹性的"三脚架"。

【复习思考题】
1. 试述骨盆的组成、分部与性别差异。
2. 试述髋关节、膝关节、距小腿关节的组成、结构与运动方式。

五、颅骨的连结

【目的要求】
1. 熟悉颞下颌关节的组成、特点、运动方式。
2. 了解颅骨与脊柱间的连结。

【教学时数】
0.4学时。

【实验教具】
标本 ① 完整颅骨;② 下颌骨;③ 颞下颌关节湿标本。

【注意事项】
颅骨的结构与颞下颌关节湿标本相结合观察。

【参考教材】
严振国.正常人体解剖学.上海:上海科学技术出版社,2006.40~41

【实习内容】
各颅骨之间大多借缝相连,颅底个别部分也有软骨结合。只有下颌骨和颞骨之间构成**颞下颌关节**。

1. **颅骨的连结** 取完整颅骨,从它的顶面观察,可见矢状缝、冠状缝、人字缝等,在颅盖湿标本上可见构成这些缝的各骨间彼此由纤维结缔组织连结起来,但在干颅骨标本上这些纤维组织均已腐蚀,故这些缝就更明显。

2. **颞下颌关节** 又称**下颌关节**,是颅骨间惟一的关节。先取颅骨观察,可见颞下颌关节由颞骨的下颌窝和下颌骨的下颌头构成。然后取颞下颌关节湿标本(配合模型),可见关节囊松弛,前部较薄弱,外侧有韧带加强。再观察已打开关节囊的标本,在关节腔内有一纤维软骨构成的**关节盘**,将关节腔分为上、下两部分。运动下颌时,两侧颞下颌关节联合运动,可作开口、闭口、前进、后退及侧方运动。

【复习思考题】

试述颞下颌关节的组成、结构特点和运动方式。

第三节 肌 学

一、躯干肌和头颈肌

【目的要求】

1. 掌握胸大肌的位置、起止;膈的位置、孔裂。
2. 掌握胸锁乳突肌的位置、起止。
3. 熟悉斜方肌、背阔肌的位置、起止;腹肌前外侧群的名称、层次及纤维方向;竖脊肌、胸腰筋膜的位置。
4. 熟悉躯干、头颈部重要肌性标志,如胸大肌、胸锁乳突肌、颞肌、咬肌、斜方肌、背阔肌、腹直肌。
5. 熟悉咬肌、颞肌、眼轮匝肌、口轮匝肌的位置和作用。
6. 了解舌骨下肌的名称和位置。

【教学时数】

2 学时。

【实验教具】

1. 标本 ① 完整躯干骨标本;② 男性整体标本;③ 女性整体标本;④ 头颈部肌标本;⑤ 膈游离标本。
2. 模型 ① 咀嚼肌模型;② 颈前肌局解模型;③ 腹肌层次模型。

【注意事项】

1. 学习肌学要求每个学生都要使用"实验指导",亲自动手对尸体标本进行认真观察,反对怕脏不动手、只看书本的学习方法。
2. 为了理解肌的作用,同学们在实验中应注意观察肌的起止点,附着在骨的何处,该肌跨过关节的哪一面,对关节的运动起何重要作用以及肌纤维方向等。
3. 要爱护标本,实习时勿将肌纤维撕扯损坏。观察肌的起止点时,可将骨放在一边作对照,避免因观察肌的起止点而将标本撕脱。尸体标本观察完后应用塑料布或湿布盖好。
4. 实验前需复习下列骨性标志:下颌角、枕外隆凸、颞骨乳突、椎骨棘突、肩峰、肩胛冈、胸骨角、髂前上棘、耻骨结节、耻骨联合、髂嵴等。

【参考教材】

严振国.正常人体解剖学.上海：上海科学技术出版社,2006.42～55

【实习内容】

1. **躯干肌** 可分为背肌、胸肌、腹肌和膈。

(1) 背肌：浅层主要有斜方肌、背阔肌、肩胛提肌和菱形肌，深层主要有竖脊肌。

1) 背浅层肌：重点观察斜方肌和背阔肌。

斜方肌：位于项部和背上部，一侧呈三角形，两侧合起来呈斜方形。该肌起点广，自枕外隆凸、项韧带和全部胸椎棘突，止于肩峰、肩胛冈及锁骨的肩峰端。注意观察上、中、下部肌束的纤维方向。

作用：上部肌束可上提肩胛骨，下部肌束可使肩胛骨下降；全部共同收缩，可使肩胛骨向脊柱靠拢。当肩胛骨固定时，两侧同时收缩可使头后仰。

背阔肌：观察时应将臂外展。该肌位于背下部和胸侧壁，是全身最大的阔肌。以腱膜起自下6个胸椎的棘突、全部腰椎棘突及髂嵴后部，肌束向外上方集中，以扁腱止于肱骨小结节嵴。

作用：使臂内收、旋内和后伸，如背手姿势；当上肢上举固定时，可引体向上。

2) 背深层肌：在脊柱两侧排列，分长肌和短肌。此处只观察竖脊肌。

竖脊肌(也称**骶棘肌**)：为背肌中最长、最大的肌，纵列于两侧脊柱沟内。起自骶骨背面和髂嵴的后部，向上分出多条肌束，沿途止于椎骨和肋骨，向上可到达颞骨乳突。

作用：两侧同时收缩时，可使头后仰，对维持人体直立姿势起重要作用。

3) **胸腰筋膜**：包裹在竖脊肌和腰方肌周围，形成该两肌的鞘，可分为浅、中、深三层。在剧烈运动中，胸腰筋膜常可扭伤，为腰肌劳损病因之一。

(2) 胸肌：包括胸上肢肌和胸固有肌。胸上肢肌主要有胸大肌、胸小肌、前锯肌，胸固有肌主要有肋间内、外肌。

1) 胸上肢肌：重点观察胸大肌。

胸大肌：位于胸廓前上部的皮下，宽而厚，呈扇形覆盖胸廓前壁的上部。该肌起自锁骨的内侧半、胸骨和上部肋软骨，肌束向外汇集，止于肱骨大结节嵴。

作用：使肩关节内收、内旋；若上肢固定则可上提躯干，也可上提肋以助吸气。

胸小肌：位于胸大肌的深面，起自第3～5肋骨，止于肩胛骨的喙突。

作用：拉肩胛骨向前下。

前锯肌：紧贴胸廓外侧壁，起自上9肋，经肩胛骨前面止于肩胛骨的内侧缘。

作用：拉肩胛骨向前和紧贴胸廓。

2) 胸固有肌

肋间外肌：位于肋间隙的浅层，起自上一肋骨的下缘，肌纤维斜向前下，止于下一肋骨的上缘。在肋软骨间隙处，无肋间外肌，由结缔组织形成的肋间外膜代替。

作用：上提肋，使胸廓扩大，以助吸气。

肋间内肌：位于肋间外肌的深面，翻起肋间外肌便可见到，其肌纤维方向与肋间外肌相反。起自下一肋的上缘，斜向内上，止于上一肋的下缘。在肋角以后为肋间内膜代替。

作用：降肋，使胸廓缩小，以助呼气。

(3) 膈：在膈专用标本上观察，可见膈位于胸、腹腔之间，构成胸腔的底和腹腔的顶，呈穹窿形封闭胸廓下口。周围为肌性部，起自胸廓下口的内面和腰椎的前面，各部肌束向中央集中移行于**中心腱**。

膈上有三个裂孔:① **主动脉裂孔**约在第12腰椎水平、膈与脊柱之间,有主动脉和胸导管通过;② **食管裂孔**在主动脉裂孔的前上方,约平第10胸椎高度,有食管和迷走神经通过;③ **腔静脉孔**位于食管裂孔右前方的中心腱内,约平第8胸椎高度,有下腔静脉通过。

作用:膈是主要的呼吸肌,收缩时助吸气,舒张时助呼气,若膈与腹肌同时收缩,则使腹压增加,有协助排便、呕吐、咳嗽、分娩等功能。

(4) 腹肌

1) 前外侧群:包括腹直肌、腹外斜肌、腹内斜肌和腹横肌。

腹直肌:位于腹前正中线的两旁,居腹直肌鞘内,将鞘前壁翻开,可见该肌为上宽下窄的带形多腹肌。在肌的表面可见3~4条横行的腱结构,称**腱划**。

腹外斜肌:为一宽阔扁肌,位于腹前外侧壁的浅层。起端呈锯齿状,肌纤维由后外上斜向前下,大部分肌束向内在腹直肌外侧缘处移行为腱膜,经腹直肌前面,参与构成腹直肌鞘的前层,最后终于腹前壁正中的**白线**。

腹外斜肌腱膜的下缘卷曲增厚连于髂前上棘与耻骨结节之间,称**腹股沟韧带**。在耻骨结节是外上方,腹外斜肌腱膜分裂形成一近似三角形的裂隙,称**腹股沟管浅环**(又称**腹股沟皮下环**)。内有精索或子宫圆韧带走行。

腹内斜肌:位于腹外斜肌的深面,将腹外斜肌翻开,可见该肌纤维大部分从外下方斜向前上方,近腹直肌外侧缘移行为腱膜,分成前、后两层包裹腹直肌,分别参与**腹直肌鞘前层**和**后层**的组成。腹内斜肌下缘游离成弓形,下部的部分腱膜与腹横肌腱膜结合于耻骨梳内侧,称**腹股沟镰**(或称**联合腱**)。腹内斜肌最下部的一些细散肌纤维包绕精索和睾丸,称**提睾肌**。

腹横肌:位于腹内斜肌的深面,翻开腹内斜肌,可见腹横肌的肌束横行向内,其腱膜越过腹直肌后面参与组成腹直肌鞘后层。下部肌束及其腱膜分别参与构成腹股沟镰和提睾肌。

腹前外侧肌群作用:形成腹壁,保护腹腔脏器,维持腹内压。收缩时,可协助完成排便、分娩、呕吐和咳嗽等生理功能。同时参与脊柱前屈、侧屈和旋转等运动。

2) 后群:有**腰大肌**和**腰方肌**。腰方肌位于腹后壁,脊柱的两侧,腰大肌外侧。腰大肌将在下肢肌中观察。

3) **腹直肌鞘**:由腹外侧壁三个阔肌的腱膜构成,分前、后两层包裹腹直肌,前层由腹外斜肌腱膜与腹内斜肌腱膜前层愈合而成,后层由腹内斜肌腱膜后层与腹横肌腱膜愈合而成。在脐下4~5 cm处,三层阔肌腱膜全部移至前层,后层缺如,其下缘形成一凸向上的弧形分界线称**弓状线(半环线)**,此线以下腹直肌后面直接与腹横筋膜相贴。

4) 腹筋膜、白线、腹股沟管:示教。

2. 头颈肌

(1) 头肌:以模型为主,配合标本观察。

1) 面肌(表情肌):位置浅表,大多起自面颅骨,止于皮肤,属于皮肌。此组肌短小、薄弱,呈环形、辐射状,分布于面部孔裂周围。收缩时牵引皮肤,改变眼裂、口裂的形状以显示表情,并参与语言和咀嚼等活动。观察时只要求了解其部位。

颅顶肌:左右各一块枕额肌,由前面的**额腹**、后面的**枕腹**和两腹之间的**帽状腱膜**构成。

眼轮匝肌:位于眼裂周围,收缩时使眼裂闭合。

口轮匝肌:位于口裂周围,收缩时使口裂闭合。

颊肌：在面颊的深部，此肌紧贴口腔侧壁的黏膜，收缩时可使唇、颊紧贴牙齿，帮助咀嚼和吸吮。

2) 咀嚼肌：有 4 对，现只观察咬肌和颞肌。

咬肌：位于下颌支的外侧面，呈方形，起自颧弓，止于下颌骨外面的咬肌粗隆。当牙咬紧时，在下颌角的前上方，颧弓的下方可摸到坚硬的隆起。

颞肌：起自颞窝，肌束呈扇形向下集中，经颧弓深面，止于下颌骨冠突。当牙咬紧时，在颞窝、颧弓的上方可摸到坚硬的隆起。

上述两肌的作用主要是上提下颌骨，使上、下颌咬合。

(2) 颈肌

1) 颈浅肌群：只观察胸锁乳突肌。

胸锁乳突肌：位于颈部两侧，是一重要的肌性标志。起自胸骨柄前面和锁骨的内侧端，两头会合斜向后上方，止于颞骨的乳突。在活体，当头向一侧转动时，可明显看到从前下方斜向后上方呈长条状的肌肉隆起。

作用：一侧收缩使头向同侧屈，面转向对侧；两侧收缩，可使头后仰。

2) 颈中肌群：包括**舌骨上肌**和**舌骨下肌**。在颈肌模型上观察，并配合标本示教舌骨下肌。舌骨下肌位于颈前部，在舌骨下方正中线两旁，每侧有 4 块肌，只要求了解肌的名称和位置。

胸骨舌骨肌：位于颈部正中线两侧。

胸骨甲状肌：位于上肌的深面，需将胸骨舌骨肌翻起方可见到。

甲状舌骨肌：被胸骨舌骨肌上部遮盖。

肩胛舌骨肌：在胸骨舌骨肌的外侧，为细长带状肌，分为上、下两腹。

3) 颈深肌群(示教)：此肌群位置较深，位于颈椎两侧，主要有**前、中、后斜角肌**。三肌均起自颈椎横突，下行分别止于第 1 肋骨和第 2 肋骨。前、中斜角肌与第 1 肋之间的空隙称为**斜角肌间隙**，内有臂丛及锁骨下动脉通过。

【复习思考题】

1. 试述斜方肌、背阔肌、胸大肌、胸锁乳突肌的位置、起止和作用。
2. 主要的呼吸肌有哪些？各有何作用？
3. 试述膈的位置、作用及主要裂孔。
4. 请将腹前外侧壁肌的名称、位置、肌纤维方向，各肌所形成的局部解剖结构，分别填入以下表格内。

肌 的 名 称	位　　置	肌纤维方向	局部解剖结构

二、四肢肌

【目的要求】

1. 掌握三角肌、肱二头肌、肱三头肌、股四头肌、小腿三头肌的位置、起止和作用。

2. 熟悉旋前圆肌、梨状肌的位置、起止及作用。
3. 掌握四肢肌的肌性标志。
4. 熟悉臂肌、前臂肌、手肌、髋肌、大腿肌、小腿肌的分群及作用。
5. 了解腋窝、肘窝、股三角及腘窝的组成。

【教学时数】

2学时。

【实验教具】

1. 标本 ① 整体骨架；② 四肢肌标本(包括浅层及深层)；③ 前臂的旋前与旋后肌标本；④ 手部肌标本(包括骨间肌及蚓状肌)。

2. 模型 ① 手肌解剖模型；② 男、女性骨盆及盆底的模型。

【注意事项】

1. 学习四肢肌的起止点时应结合已学过的骨学知识进行，及时取骨标本对照观察。

2. 前臂肌较多，不易辨认，可先按群进行记忆，然后对照教材插图辨认各肌的位置，再逐块肌肉进行观察。

3. 对肌的作用应在分析理解的基础上记忆，可从肌的起止点、肌纤维方向、跨过的关节的哪一面、对关节的运动方式进行分析理解。

【参考教材】

严振国.正常人体解剖学.上海：上海科学技术出版社，2006.55～66

【实习内容】

1. **上肢肌** 上肢肌依其部位分为肩肌、臂肌、前臂肌和手肌。

(1) 肩肌：位于肩关节周围，能运动肩关节，并增强肩关节的稳固性。包括三角肌、肩胛下肌、冈上肌、冈下肌、大圆肌、小圆肌，现重点观察三角肌。

三角肌：在肩部外侧面观察，该肌覆盖在肩关节的前、外、后三面，呈三角形。三角肌与肱骨头使肩部形成圆隆的外形。此肌近端宽大，起自锁骨的外侧端、肩峰及肩胛冈，远侧端集中成三角的尖，止于三角肌粗隆。

作用：主要是使肩关节外展。此外，还可协助屈和伸肩关节。

其次观察肩胛下肌，位于肩胛骨的前面；冈上肌位于冈上窝内；在肩胛冈以下分别为冈下肌、小圆肌和大圆肌。

(2) 臂肌：可分为前群(屈肌群)和后群(伸肌群)。

1) 前群

肱二头肌：位于臂前面，肌腹呈梭形，有长、短两头。长头靠外侧，以一长腱起自肩胛骨关节盂上方(此起点可在肩关节标本上见到)，通过肩关节囊，经结节间沟穿出；短头在内侧起自肩胛骨喙突，两头在臂中部合为一个肌腹，向下经肘关节前方，止于桡骨粗隆(用力屈肘90°并使前臂旋后，则肱二头肌在臂前面明显隆起，其肌腱亦可在肘关节前面中份摸到，为重要的肌性标志)。肱二头肌内侧称**肱二头肌内侧沟**，内有重要的血管及神经通过；外侧称为**肱二头肌外侧沟**。

作用：屈肘关节，使前臂旋后，长头还可协助屈肩关节。

在肱二头肌短头的后内方，有**喙肱肌**。在肱二头肌下半的深面，有**肱肌**。

2) 后群

肱三头肌：位于臂后面，起端有三个头，即长头、内侧头和外侧头。**长头**起自肩胛骨关节盂的下方，向下行于大、小圆肌之间；**外侧头**起自肱骨后面桡神经沟外上方；**内侧头**起自桡神经沟内下方。3个头汇合成一个肌腹，以扁腱通过肘关节后面，止于尺骨鹰嘴。

作用：伸肘关节，长头可使臂后伸。

在肘关节后面，有**肘肌**。

(3) 前臂肌：位于桡、尺骨周围，共19块，分前、后两群。

1) 前群：位于前臂的前面，主要为屈腕、屈指及前臂旋前的肌肉，故称**屈肌群**，共9块肌，分为浅、深两层。

浅层肌：有6块，从桡侧向尺侧依次为：**肱桡肌、旋前圆肌、桡侧腕屈肌、掌长肌、指浅屈肌**和**尺侧腕屈肌**。除肱桡肌起于肱骨外上髁外，其余均共同以总腱起于肱骨内上髁。其中，旋前圆肌止于桡骨体中部外侧面，其他分别止于腕、掌、指骨。

同学们试用力握拳屈腕，在腕掌面，可清楚地见到从桡侧向尺侧有：**桡侧腕屈肌腱、掌长肌腱、指浅屈肌腱**和**尺侧腕屈肌腱**。

深层肌：有3块，包括位于尺侧的**指深屈肌**，位于桡侧的**拇长屈肌**，以及位于前臂远侧上述两肌深面的**旋前方肌**。

2) 后群：位于前臂的后面，主要作用是伸腕、伸指和使前臂旋后，故称**伸肌群**，共10块肌，分浅、深两层排列。

浅层肌：有5块，自桡侧向尺侧依次为**桡侧腕长伸肌、桡侧腕短伸肌、指伸肌、小指伸肌**和**尺侧腕伸肌**。

深层肌：也有5块，观察时将浅层肌拉开，由近侧向远侧（从上至下）依次为**旋后肌、拇长展肌、拇短伸肌、拇长伸肌**和**示指伸肌**。

当伸腕、伸拇指并外展时，同学们在腕的背面可清楚见到从桡侧向尺侧有：拇长展肌腱、拇短伸肌腱、拇长伸肌腱和指伸肌腱。

(4) 手肌：全部位于手的掌面，分为外侧群、中间群和内侧群，主要作用为运动手指。

1) 外侧群：在拇指侧构成隆起称**鱼际**。有拇短展肌、拇短屈肌、拇对掌肌和拇收肌。

2) 内侧群：在小指侧形成隆起称**小鱼际**。有小指展肌、小指短屈肌及小指对掌肌。

3) 中间群：位于掌心，包括4块**蚓状肌**和7块**骨间肌**。

2. **下肢肌**　下肢肌依其部位可分为髋肌、大腿肌、小腿肌和足肌。

(1) 髋肌：分布于髋关节周围，主要运动髋关节，分前、后两群。

1) 前群：有髂腰肌和阔筋膜张肌。

髂腰肌：由**腰大肌**和**髂肌**组成。腰大肌起自腰椎体侧面和横突，髂肌位于腰大肌的外侧，起自髂窝，两肌会合向下经腹股沟韧带深面，止于股骨小转子。

作用：使髋关节前屈和旋外。下肢固定时，可使躯干前屈，如仰卧起坐。

阔筋膜张肌：位于大腿上部的前外侧，肌腹在阔筋膜（大腿深筋膜）两层之间。

2) 后群：有臀大肌、臀中肌、臀小肌和梨状肌等。

臀大肌：为臀部浅层一块大而肥厚的肌（多数标本上已切断），起自髂骨外面和骶骨背面，肌纤维由内上斜向外下，经髋关节的后面，止于股骨的臀肌粗隆。

作用：伸髋关节，并使髋关节旋外。

臀中肌和臀小肌：翻开臀大肌，可见其深面有一块纤维略呈扇形的臀中肌。再翻开臀中肌，可见其深面另有一块呈扇形的臀小肌。

作用：外展髋关节。

梨状肌：位于臀中肌的内下方，起自盆内骶骨前面，肌纤维向外穿坐骨大孔达臀部，将坐骨大孔分为梨状肌上孔和梨状肌下孔，止于股骨大转子。

作用：外展、外旋髋关节。

（2）大腿肌：分布于股骨周围，分前、后和内侧三群。

1）前群：在股部前面观察。

缝匠肌：在大腿前面，呈扁带状，起自髂前上棘，斜向下内，止于胫骨上端内侧面。

作用：屈髋关节和屈膝关节。

股四头肌：为股部前面最强大的肌，包括**股直肌**、**股内侧肌**、**股外侧肌**和**股中间肌**4个头。股直肌在大腿前面，起自髂前下棘；股内侧肌位于大腿前内侧部，起自股骨粗线内侧唇；股外侧肌位于大腿的外侧，起自股骨粗线外侧唇；股中间肌在股直肌深面，起自股骨体的前面。4头向下合并为一个腱，包绕髌骨的前面和两侧，向下续为**髌韧带**，止于胫骨粗隆。

作用：伸膝关节，股直肌尚有屈髋作用。

2）内侧群：在缝匠肌的内侧，共5块肌，分层排列。浅层自外侧向内侧依次为**耻骨肌**、**长收肌**、**股薄肌**。深层有**短收肌**和**大收肌**。

作用：主要是内收大腿，故又称内收肌群。

股三角在大腿前面的上部，腹股沟韧带下方，为一底朝上、尖向下的三角形区域。上界为腹股沟韧带，内侧界为长收肌的内侧缘，外侧界为缝匠肌的内侧缘，三角内有神经、血管和淋巴结等。

3）后群：有3块肌，居内侧的有**半腱肌**及其深面的**半膜肌**；居外侧的为**股二头肌**。3块肌均起自坐骨结节，经髋、膝关节的后方止于胫骨和腓骨的上端。

作用：主要是伸髋关节、屈膝关节。

（3）小腿肌：可运动膝、踝及足部关节，分前、后、外侧三群。

1）前群：在小腿前面观察，可见胫骨前缘外侧有3块肌，在距小腿关节前方较易辨认，自内侧向外侧分别为**胫骨前肌**、**拇长伸肌**、**趾长伸肌**。3肌均起自胫、腓骨上端和骨间膜，向下经距小腿关节前方，止于跖骨、趾骨背面。

作用：伸距小腿关节（背屈），伸趾，并使足内翻。

2）外侧群：在小腿外侧观察，浅层为**腓骨长肌**，深层为**腓骨短肌**，两肌的腱经外踝后方绕至足底，长肌止于第1跖骨，短肌止于第5跖骨。

作用：使足外翻和屈距小腿关节（足跖屈）。

3）后群：位于小腿后方，分浅、深两层。

浅层：有强大的**小腿三头肌**，由腓肠肌及其深面的**比目鱼肌**合成。

腓肠肌：位于小腿后面最浅层，腓肠肌的内、外侧头分别起自股骨内、外侧髁。

比目鱼肌：在腓肠肌的深面，形如比目鱼状，起自胫、腓骨上端的后面。

腓肠肌内、外侧头及比目鱼肌上端起点共为三个头，向下合成一肌腹，在小腿的上部形成膨隆的小腿肚，向下续为**跟腱**，止于跟骨结节。

作用：屈小腿和上提足跟。

深层：有3块肌，翻开比目鱼肌观察，可见深层由内侧向外侧依次为**趾长屈肌**、**胫骨后肌**和**踇长屈肌**。此3肌起于胫、腓骨后面和骨间膜，向下移行为肌腱，经内踝后方转至足底，分别止于跗骨和趾骨。

作用：使足跖屈和内翻，屈趾。

(4) 足肌：略。

【复习思考题】

1. 试述三角肌、肱二头肌、肱三头肌、臀大肌、小腿三头肌的位置、起止和作用。
2. 运动髋关节的肌有哪些？
3. 能使足内翻、外翻的肌各有哪些？

第二章 消化系统

第一节 消化管

【目的要求】

1. 掌握咽峡的组成、腮腺的位置及腮腺管的开口部位。
2. 熟悉口腔的构造和分部,舌的形态、黏膜和舌肌,牙的结构。
3. 掌握咽的形态、位置、分部和结构,腭扁桃体的位置。
4. 掌握食管的位置及三个狭窄的部位。
5. 掌握胃的形态、分部和位置。
6. 掌握小肠的分部及主要形态结构;熟悉小肠的位置。
7. 掌握大肠的形态特点、分部和位置,阑尾的位置及其根部的体表投影;熟悉直肠的位置、弯曲和结构及肛管的结构。

【教学时数】

1.5 学时。

【实验教具】

1. 标本 ① 头部正中矢状切面标本(观察口腔、牙、舌、唾液腺、食管等);② 游离的舌、胃、小肠、大肠、直肠(包括肛管);③ 切开的回肠标本;男、女性盆腔矢状切面标本;④ 打开胸、腹、盆腔的整体标本(示消化管各器官的位置及毗邻关系)。

2. 模型 ① 半身人模型;② 牙模型;③ 头正中矢状切面模型;④ 回盲部模型;⑤ 男、女性盆腔矢状切面模型。

3. 其他 小圆镜子(用观察口腔的活体结构)。

【注意事项】

1. 观察内脏游离标本,请首先注意按解剖姿势放好,然后再按实验指导顺序仔细观察。
2. 切忌用锐器损坏标本,也不要过分牵拉以免损坏正常结构及改变各部位置关系。
3. 进行活体观察时,态度要严肃认真。

【参考教材】

严振国.正常人体解剖学.上海:上海科学技术出版社,2006.81～93

【实习内容】

1. **口腔** 取头部正中矢状切面标本并结合用小圆镜子对照活体进行观察。口腔前壁为**口唇**,两侧壁为**颊**,上壁为**口腔顶(腭)**,下壁为**口腔底**。向前以口裂通体外,向后经咽峡通咽腔。

(1) **口唇和颊**:由皮肤、肌和口腔黏膜构成。上唇表面正中线上有一浅沟称**人中**,其上、中 1/3 交界处为**人中穴**。从鼻翼两旁至口角两侧各有一浅沟称**鼻唇沟**。

(2) **腭**:在头正中矢状切面标本上观察,腭为口腔上壁,前 2/3 为**硬腭**,后 1/3 为**软腭**。软腭由黏膜及肌构成,前缘与硬腭相续,后缘游离而下垂,其中央向下突起称**腭垂**,自软腭游离缘向两侧形成前、后两条由黏膜形成的弓形皱襞,前方的一对称**腭舌弓**,向下续于舌根,后方的一对称**腭咽弓**,止于咽的侧壁,前、后两弓之间的凹窝内有**腭扁桃体**。由腭垂、左右两侧腭舌弓和舌根共同围成的狭窄区域称**咽峡**。

(3) **牙**:取牙模型观察。每个牙可分为三部,露于口腔的部分称**牙冠**,在牙冠的表面,被有一层洁白的釉质,埋在牙槽内的部分称**牙根**,牙根尖部有一小孔,称**牙根尖孔**,牙冠和牙根交界处称**牙颈**。牙槽表面和牙颈周围都被覆着口腔黏膜和结缔组织构成的**牙龈**。牙嵌入上、下颌骨牙槽内,分别排列成**上牙弓**和**下牙弓**。乳牙共 20 个,包括切牙、尖牙和磨牙;恒牙 28~32 个,包括切牙、尖牙、前磨牙和磨牙。

(4) **舌**:取游离舌标本观察。舌位于口腔底,分为上、下两面,上面可见一"人"字形的**界沟**,将舌分成前 2/3 的**舌体**和后 1/3 的**舌根**。舌体的前端称**舌尖**。舌下面正中线处有一黏膜皱襞称**舌系带**,在舌系带根部的两侧各有一小的黏膜隆起称**舌下阜**,由舌下阜向两侧延伸,各有一黏膜隆起称**舌下襞**。其深面有舌下腺。

1) **舌黏膜**:取小圆镜子各自活体观察。舌黏膜被覆于舌的上、下面,舌上面的黏膜上有许多小突起称为**舌乳头**,按其形状可分**丝状乳头**、**菌状乳头**和**轮廓乳头**等。丝状乳头数量最多,遍布舌背;菌状乳头数量较少而体积较大,为红色钝圆形小突起,散在丝状乳头之间;轮廓乳头最大,有 7~11 个,排列于界沟前方。

2) **舌肌**:取头部正中矢状切面标本观察。**舌内肌**起止点均在舌内,其肌纤维有纵、横和垂直三种(不必观察)。**舌外肌**中最重要者有**颏舌肌**,起自下颌骨体后面中央,肌纤维向后上方呈扇形分散,止于舌内。

(5) **大唾液腺**:大唾液腺有 3 对,即**腮腺**、**下颌下腺**和**舌下腺**。其中最大者为腮腺,位于耳郭前下方,外表略呈三角楔形,**腮腺导管**由腮腺的前缘发出,在颧弓下方一横指处,向前横过咬肌表面,再呈直角向内,穿过颊肌,开口于上颌第 2 磨牙相对的颊黏膜处。下颌下腺和舌下腺开口于舌下阜。

2. **咽** 在头颈部正中矢状切面标本结合切开咽后壁的咽肌标本观察。咽是一漏斗形肌性管道,上起颅底,下至食管上端(平第 6 颈椎体下缘),后面紧邻上 6 个颈椎,前面与鼻腔、口腔及喉腔相通。因此,可将咽分为**鼻咽**、**口咽**和**喉咽**三部。① **鼻咽**是鼻腔向后的直接延续。上达颅底,下至软腭平面,位于下鼻甲后方约 1 cm 处有一个**咽鼓管咽口**,其前、上、后方的明显隆起称**咽鼓管圆枕**,圆枕后方与咽后壁之间有纵行凹陷称**咽隐窝**。② **口咽**上续鼻咽,下连喉咽,向前经咽峡通口腔。③ **喉咽**位于喉口和喉的后方,是咽腔比较狭窄的最下部分。在喉口两侧与咽腔壁之间各有一个**梨状隐窝**。

3. **食管** 在示食管位置的整体标本上观察。食管是一前后扁窄的肌性管道。成人长约

25 cm,上端平第 6 颈椎体下缘处与咽相接,为食管的**第一狭窄**处;在第 4、第 5 胸椎之间的高度,在与左主支气管交叉后方,为食管的**第二狭窄**处;在第 10 胸椎水平穿膈肌食管裂孔处,为食管的**第三狭窄**处,入腹腔后,在第 11 胸椎左侧接胃的贲门。

4. **胃** 胃的位置(从打开腹腔标本上观察),胃空虚时一般位于左季肋区及腹上区;胃的形态,从游离胃可见胃有:

(1) 两口:入口称**贲门**,与食管相接;出口称**幽门**,约在第 1 腰椎右侧,与十二指肠相接。

(2) 两壁:**胃前壁**朝向前上方;**胃后壁**朝向后下方。

(3) 两缘:上缘称**胃小弯**,在近幽门处折弯成角称**角切迹**,下缘称**胃大弯**,凸向左下方。

(4) 四部:靠近贲门的部分称**贲门部**,贲门平面以上,向左上方膨出的部分称**胃底**;胃的中间大部称**胃体**,在角切迹右侧至幽门之间的部分称**幽门部**。幽门部又可分为幽门管和幽门窦两部分,幽门部紧接幽门而呈管状的部分称**幽门管**;幽门管向左至角切迹之间稍膨大的部分称**幽门窦**。

从游离胃内面观察,在胃小弯处,黏膜皱襞多为纵行,4~5 条。在幽门处环形肌特别增厚,形成**幽门括约肌**。在幽门括约肌内表的黏膜向内形成环状皱襞,称**幽门瓣**。胃的肌织膜由内斜、中环、外纵三层平滑肌构成。

5. **小肠** 在切开腹腔的整体标本观察,小肠全长 5~7 m,起自胃的幽门,盘曲于腹部,下接盲肠,从上至下可分为十二指肠、空肠和回肠三部分。

(1) **十二指肠**:取十二指肠游离标本观察。十二指肠呈"C"字形包绕胰头,长约 25 cm,可分为上部、降部、水平部和升部。① **上部**起于胃的幽门,上部左侧与幽门相连接处肠壁较薄,黏膜光滑无环状襞,称**十二指肠球部**。② **降部**起于十二指肠上部,达第 3 腰椎体下缘处急转向左,移行于水平部。剖开降部,可见降部中份肠腔后内侧壁上有一纵行的黏膜皱襞,称**十二指肠纵襞**,此襞下端有一乳头状隆起,称**十二指肠大乳头**,上有胆总管与胰管的共同开口,它距中切牙约 75 cm。③ **水平部**在第 3 腰椎平面自右向左,横过下腔静脉至腹主动脉前面,移行于升部。④ **升部**自腹主动脉前方斜向左上方至第 2 腰椎左侧,再向前下转折续于空肠。转折处形成的弯曲称**十二指肠空肠曲**,它被由肌纤维和结缔组织共同构成的**十二指肠悬肌**固定于腹后壁。

(2) **空肠和回肠**:在十二指肠末端处找出十二指肠空肠曲,此即空肠的起始处,空肠与回肠之间并无明显界限,大致空肠位于腹腔的左上方,回肠占右下方,两者长度比约为 2∶3。空肠与回肠均由肠系膜连于腹后壁。

内部结构:在切开的空肠与回肠标本上观察结构区别。空肠壁厚,回肠壁薄。空肠内面环形襞大而多,回肠则小且少。将其展平拿起来对着亮光进行观察,可以看到很多散在不透光点,像芝麻样大小(大小不定)的**孤立淋巴滤泡**。回肠末端除有孤立淋巴滤泡外,尚有成片的椭圆形不透光区,大小不一的**集合淋巴滤泡**。

6. **大肠** 大肠全长约 1.5 m,略成方框形,围绕在空、回肠的周围。起自右髂窝,终于肛门,可分为盲肠、阑尾、结肠、直肠和肛管五部分。

盲肠和结肠外形有三个主要特点(取一段离体结肠标本观察):① **结肠带**是肠管表面的三条纵带。② **结肠袋**是由肠壁上的许多横沟隔开而成的环形囊袋状突起。③ **肠脂垂**为结肠带附近许多大小不等的脂肪突起。

(1) **盲肠和阑尾**:**盲肠**为大肠的起始部,下端以膨大的盲端开始,一般位于右髂窝内,向上连于结肠。在切开标本或模型上观察盲肠的内部结构,可见其左后上方有回肠末端的开口,此口称为**回盲口**,口的上、下缘各有一半月形的黏膜皱襞称**回盲瓣**(有何作用?),在回盲瓣的下方约 2 cm 处,有阑尾的开口。

阑尾(蚓突):在整体标本上观察。上端连通盲肠后内壁,下端游离。三条结肠带最后都汇集于阑尾根部,故沿结肠带向下追踪,是寻找阑尾的可靠方法。阑尾根部的体表投影:通常以脐与右髂前上棘连线的中、外 1/3 交界处,此点称为**麦克伯尼点**。急性阑尾炎时,此点可有压痛。

(2) **结肠**:在腹腔深层标本观察。按其位置和形态,可分为升结肠、横结肠、降结肠及乙状结肠四部分。① **升结肠**是盲肠上端至结肠右曲的部分。② **横结肠**是介于结肠右曲至结肠左曲之间的部分。③ **降结肠**是由结肠左曲下降至左侧髂嵴处的一段。④ **乙状结肠**平左髂嵴处接续降结肠,呈"乙"字形弯曲,向下进入盆腔续于直肠。

(3) **直肠**:在盆腔矢状切面标本游离的标本上观察。直肠位于盆腔内,上端平第 3 骶椎处接乙状结肠,下端至盆膈处续于肛管。注意直肠并不直,在矢状切面上有两个弯曲,其上部与骶骨前面的曲度一致,形成凸向后的**骶曲**。下端绕过尾骨尖前面转向后下方,形成一凸向前的**会阴曲**。直肠下端的肠腔膨大称**直肠壶腹**,直肠壶腹内面的黏膜,形成 2~3 个半月形皱襞称**直肠横襞**。其中最大而恒定的一个皱襞在壶腹上份,距肛门 7 cm。

(4) **肛管**:取游离直肠至肛门矢状切面标本观察。肛管为大肠的末段,上端连于直肠,下端开口肛门,长 3~4 cm。肛管上段的黏膜形成 6~10 条纵行皱襞称**肛柱**。各肛柱下端之间有半月形黏膜皱襞相连称**肛瓣**。两个相邻肛柱下端与肛瓣围成袋状小陷窝称**肛窦**。各肛瓣和肛柱的下端共同连成一锯齿状的环形线称为**齿状线**或**肛皮线**。齿状线以下有一宽约 1 cm 表面光滑的环状带,称为**肛梳**。肛梳下缘有一环状线称**白线**,此线恰为肛门内、外括约肌的交界处,活体指诊时可触知一环状沟。白线以下的皮肤颜色较深,下方不远即终于肛门。

肛管的环形肌层特别增厚,形成**肛门内括约肌**。围绕在肛门内括约肌周围的骨骼肌构成**肛门外括约肌**,主司括约肛门。

【复习思考题】

1. 何谓咽峡、十二指肠大乳头?
2. 咽可分为哪几部? 各部内有什么重要结构?
3. 试述食管的三个生理狭窄的位置,有何临床意义?
4. 简述肛管黏膜的结构特点,这些结构在临床上有什么意义?
5. 简述胃的形态、位置。
6. 填图题(填出图 2-1 拉线所示结构的名称)。

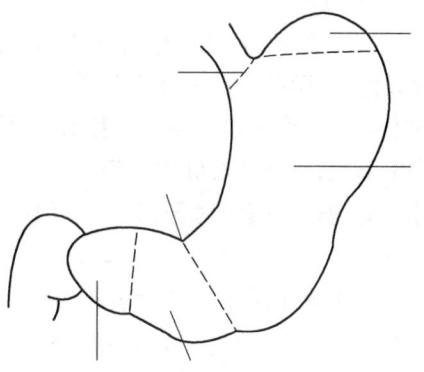

图 2-1 胃的模式图

第二节 消化腺和腹膜

【目的要求】

1. 掌握肝的形态、位置及体表投影;胆囊的形态、分部、位置及胆囊底的体表投影。

2. 熟悉输胆管道的组成及开口部位。

3. 了解肝和胆囊的功能。

4. 掌握胰的位置和形态；熟悉胰管的开口部位。

5. 掌握壁腹膜、脏腹膜和腹膜腔的概念。

6. 熟悉男、女盆腔腹膜陷凹的位置。

7. 了解网膜和系膜；腹膜与腹盆腔脏器的关系。

【教学时数】

1学时。

【实验教具】

1. 标本　①游离肝和胰标本；②打开腹腔的整体标本；③完整腹膜标本；④男、女性盆腔矢状切面标本。

2. 模型　①半身人模型；②腹膜模型；③男、女性盆腔矢状面模型。

【注意事项】

1. 实习时肝、胆、胰标本易损坏，要注意爱护。

2. 观察标本时要注意各器官的解剖位置。

3. 实习时切忌用镊子去翻动腹膜及腹膜形成的结构，如小网膜、肠系膜根等，否则腹膜极易撕破。

【参考教材】

严振国. 正常人体解剖. 上海：上海科学技术出版社，2006.93～99

【实习内容】

1. 消化腺

(1) 肝

1) 肝的形态：用游离的肝标本、肝模型配合观察。肝呈楔形，可分上、下两面和前、后两缘及左、右两叶。肝上面隆凸，贴于膈穹窿之下称为**膈面**，借**镰状韧带**分为左、右两叶。肝下面凹凸不平与许多内脏接触称**脏面**，脏面朝向下后方，有排列呈"H"的左、右纵沟和横沟。左纵沟窄而深，沟前部有**肝圆韧带**，后半有**静脉韧带**。右纵沟阔而浅，前部有胆囊窝，后部有下腔静脉由此通过。横沟为**肝门**，是肝门静脉、肝固有动脉、肝左右管、淋巴管和神经等出入肝的门户。

2) 肝的位置：在打开腹腔的整体标本上并配合半身人体模型观察，肝大部分位于右季肋区和腹上区，小部分位于左季肋区。肝的上界与膈穹一致，在右腋中线起自第7肋，由此向左至右锁骨中线平第5肋，在前正中线平剑胸结合，至左锁骨中线平第5肋间隙。肝下界与肝的前缘一致，在右腋中线平等10肋，至右侧第8、第9肋软骨结合处离开肋弓，经剑突下3～5 cm处斜向上，经左侧第7、第8肋软骨结合处后连于上界左端。正常成人，肝的下界在右肋弓下一般不能触及，剑突下可触及。小儿肝的前缘可低于右肋下缘2～3 cm。7岁以后儿童右肋弓下已不能摸到。

3) 胆囊和胆道：**胆囊**位于肝下面的胆囊窝内，呈鸭梨形。分为**胆囊底**、**胆囊体**、**胆囊颈**和**胆囊管**四部分。胆囊管弯曲，向下与左侧的肝总管会合成**胆总管**。胆总管位于肝门静脉右前方，与胰管汇合，形成略膨大的总管称**肝胰壶腹**，开口于十二指肠大乳头。在肝胰壶腹的管壁内，有环形平滑肌称**肝胰壶腹括约肌**，可控制胆汁的排出和防止十二指肠内容物逆入胆总管和胰管内。

(2) **胰**：胰横行位于胃后方，第1、第2腰椎前方，分头、体、尾三部分。**胰头**在右方，有十二指肠包绕，**胰体**横跨第1腰椎及下腔静脉和腹主动脉前面，胰的左端是**胰尾**，胰尾较细，与脾门接触。

在胰的实质内偏后方，有一条与胰的长轴平行，起自胰尾向右横贯其全长的主排泄管，称**胰管**，最后与胆总管合并，共同开口于十二指肠大乳头。

2. 腹膜

(1) 腹膜的概念：腹膜分为衬于腹、盆腔壁内表面的**壁腹膜**和贴覆于脏器表面的**脏腹膜**，脏、壁两层腹膜互相移行，共同围成**腹膜腔**。男性腹膜腔是一具完全封闭的囊，与外界不通。而女性腹膜腔则借输卵管腹腔口经输卵管、子宫和阴道与外界相通。

(2) 腹膜形成的结构

1) 网膜：在完好的腹膜标本、模型上观察。① **大网膜**由4层腹膜组成，连于胃大弯和横结肠之间，像围裙一样垂挂于横结肠、空肠、回肠前面，下垂至骨盆缘时再急转向上，包绕横结肠，至此与横结肠系膜相续。② **小网膜**为连于肝门至十二指肠上部和胃小弯之间的双层腹膜，从肝门至十二指肠上部之间的小网膜称**肝十二指肠韧带**，肝门至胃小弯之间的小网膜称**肝胃韧带**。③ **网膜囊**是位于小网膜和胃与腹后壁之间扁窄的腹膜间隙，它是腹膜腔的一部分，又称**小腹膜腔**(腹膜小囊)。

2) 系膜：由双层腹膜形成，内有血管、神经、淋巴管和脂肪等。系膜包括**肠系膜**、**横结肠系膜**、**乙状结肠系膜**、**阑尾系膜**等。其中肠系膜最长，呈扇形，其根部从第2腰椎左侧斜向右下至右骶髂关节前方。

3) 腹膜陷凹：腹膜在盆腔脏器之间返折而形成的一些较大而恒定的凹陷(在男、女性整体标本及盆腔矢状切面标本上观察)。在男性，膀胱与直肠间有**直肠膀胱陷凹**。在女性，子宫与膀胱间有一较浅的**膀胱子宫陷凹**；直肠与子宫间有**直肠子宫陷凹**，是腹膜腔的最低点，且与阴道穹后部相邻。

【复习思考题】

1. 何谓肝门、腹膜、腹膜腔？
2. 试述胆汁的产生及排出途径。
3. 腹膜在男、女性盆腔内移行过程中各形成哪些陷凹？有何临床意义？

第三章 呼吸系统

【目的要求】
1. 掌握呼吸系统的组成。
2. 熟悉固有鼻腔黏膜分部。
3. 掌握喉的位置,主要喉软骨的名称;熟悉喉黏膜的主要形态结构,喉腔分部。
4. 掌握气管的位置;熟悉左、右主支气管的形态区别。
5. 掌握肺的形态和结构;熟悉肺的位置及体表投影。
6. 掌握壁胸膜、脏胸膜和胸膜腔;熟悉壁胸膜的分部和肋膈隐窝的位置,胸膜的体表投影。

【教学时数】
1.5学时。

【实验教具】
1. 标本 ① 头颈部正中矢状切面标本;② 颅骨矢状切面示骨性鼻腔与鼻旁窦;③ 游离呼吸系统标本;④ 游离肺标本;⑤ 胸膜示教标本。
2. 模型 ① 喉软骨模型;② 肺模型;③ 纵隔模型;④ 半身人模型。

【注意事项】
1. 呼吸系统器官的结构比较小,同学实习时须仔细观察。
2. 观察时动作要轻,以免损坏标本。

【参考教材】
严振国.正常人体解剖学.上海:上海科学技术出版社,2006.100~109

【实习内容】
1. 肺外呼吸道
(1) **鼻**:鼻分为外鼻、鼻腔和鼻旁窦三部分。

1) **外鼻**:外鼻有**鼻根**、**鼻背**、**鼻尖**及**鼻翼**等部,外鼻下端有**鼻孔**。

2) **鼻腔**:在头正中矢状切面标本观察,鼻腔由鼻中隔分为左、右两腔,每侧鼻腔又分鼻前庭和固有鼻腔;**鼻前庭**为鼻翼所围成的空腔,内面衬以皮肤,生有鼻毛。**固有鼻腔**由骨性鼻腔被覆以黏膜构成。外侧壁上有**上鼻甲**、**中鼻甲**及**下鼻甲**,各鼻甲下方分别形成**上鼻道**、**中鼻道**和**下鼻道**。固有鼻腔的黏膜可因其结构和功能不同,分为**嗅区**和**呼吸区**两部分。

3) **鼻旁窦**:见运动系统。

(2) **咽**:见消化系统。

(3) 喉

1) 喉的位置：在整体标本与半身人体模型上观察。喉位于颈前正中，位置表浅，上连于舌骨，下接气管，两侧有颈部大血管、神经和甲状腺左、右叶。

2) 喉的结构：观察喉软骨模型。

喉软骨：主要包括甲状软骨、环状软骨、会厌软骨和一对杓状软骨。**甲状软骨**是最大的喉软骨，由左右对称的两个方形软骨板构成，两板前缘以直角互相愈着形成**前角**，其上端向前突出称**喉结**。两板后缘有两对突起分别为上方的一对为**上角**，下方的一对为**下角**。**环状软骨**在甲状软骨的下方，形如指环。前部低窄呈弓形，称**环状软骨弓**，后部高宽呈板，称**环状软骨板**。**杓状软骨**位于环状软骨板上方，左右各一，呈三棱锥体形。尖朝上，底朝下，杓状软骨底有向前的突起称**声带突**。**会厌软骨**附着于甲状软骨前角的后面，形似树叶，下端狭细，上端宽阔，游离于喉口上方，前面凸，后面凹。

弹性圆锥：为圆锥形纤维膜，其下缘附着于环状软骨上缘，上缘游离，张于甲状软骨前角后面与杓状软骨声带突之间，称**声韧带**。

3) 喉腔：在喉矢状切面标本与模型上观察。喉腔的两侧壁有上、下两对黏膜皱襞。上方的一对称**前庭襞**，两侧前庭襞的裂隙称**前庭裂**；下方的一对称**声襞**，两侧声襞及杓状软骨间的裂隙称**声门裂**。声门裂是喉腔最狭窄的部位。

喉腔可分为喉前庭、喉中间腔和声门下腔三部分。前庭裂以上的部分称**喉前庭**；前庭裂和声门裂之间的部分称**喉中间腔**，喉中间腔向两侧突出的隐窝称**喉室**；声门裂以下的部分称**声门下腔**。

(4) 气管和主支气管：在整体标本并配合半身人体模型观察。

1) **气管**：为前后略扁的圆筒状管道，主要由14~16个"C"形气管软骨构成，其间由结缔组织连结，后壁无软骨，由平滑肌和结缔组织所封闭，并紧邻食管。气管上端平第6颈椎体下缘与喉相连，向下至第4、第5胸椎之间平面，分为左、右主支气管，分叉处称**气管杈**。

2) **主支气管**：由气管杈至肺门之间的管道，左右各一，分别称为左主支气管和右主支气管。**左主支气管**细、长而较水平；**右主支气管**粗、短而垂直。

2. **肺** 肺位于胸腔内，纵隔的两侧（整体标本并配合半身人体模型观察）。肺的形态和结构（整体标本并配合游离肺观察）。**左肺**狭长，被斜裂分为上、下两叶，即为**左肺上叶**与**左肺下叶**；**右肺**宽短，被斜裂和右肺水平裂分为**右肺上叶**、**右肺中叶**和**右肺下叶**三叶。

肺可分为一尖、一底、两面、三缘。**肺尖**呈钝圆形，高出锁骨内侧段上方2~3 cm。**肺底**位于膈的上方。**肋面**广阔圆凸，贴近肋和肋间肌，**内侧面**贴近纵隔和脊柱。此面中央凹陷处称**肺门**，出入肺门的结构有主支气管、肺动脉、肺静脉、淋巴管及神经等。这些结构由结缔组织和胸膜包绕成束，称**肺根**。肺的前缘锐利，左肺前缘下半有一明显缺口称**左肺心切迹**，切迹下方有一向前向内的舌状突起，称**左肺小舌**。肺的后缘圆钝，贴于脊柱的两旁。肺的下缘也较锐利，伸向膈与胸壁之间。

3. **胸膜**（示教） 胸膜在胸腔内形成左、右两个密闭的腔。胸膜分为**壁胸膜**和**脏胸膜**。脏胸膜又称**肺胸膜**，紧贴在肺的表面不易分开，壁胸膜贴在胸壁内面。胸膜的脏、壁两层在肺根周围相互移行，围成完全封闭的**胸膜腔**。

壁胸膜由于部位不同，又可分为四部分。**胸膜顶**为突出胸廓上口，覆盖肺尖的部分；**肋胸膜**贴在肋及肋间肌内面；**膈胸膜**覆盖于膈上面的部分；**纵隔胸膜**衬附于纵隔两侧的部分。在各部胸膜转折处,可形成潜在的间隙,其中最重要的间隙位于肋胸膜与膈胸膜转折处称**肋膈隐窝**,为胸膜腔最低部位。

4. 纵隔　在开胸的整体标本与纵隔模型配合观察。

纵隔是两侧纵隔胸膜之间所有器官和组织结构的总称。前界为胸骨,后界为脊柱胸段,两侧界为纵隔胸膜,上界达胸廓上口,下界为膈。纵隔通常以通过胸骨角和第 4 胸椎下缘平面将其分为**上纵隔**和**下纵隔**。下纵隔再以心包为界分为**前纵隔**、**中纵隔**和**后纵隔**三部分。

纵隔主要包括心、心包、大血管、气管、主支气管、食管、胸导管、奇静脉、迷走神经、交感神经、淋巴结等。

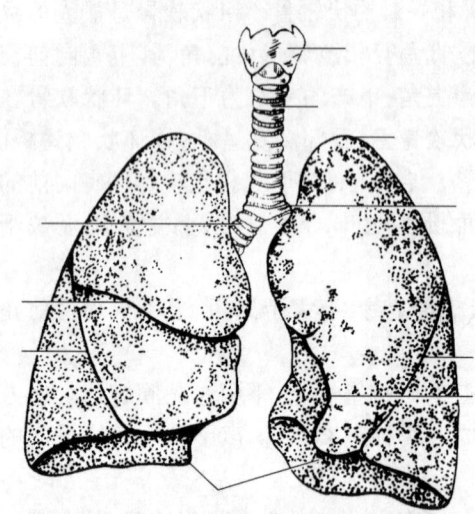

图 3-1　喉、气管、主支气管及肺

【复习思考题】

1. 简述喉腔的分部及分部的依据。
2. 试述肺尖的位置及肺与胸膜下界的体表投影。
3. 何谓肺门、纵隔?
4. 填图题(填出图 3-1 拉线所示结构的名称)。

第四章 泌尿系统

【目的要求】
1. 掌握肾和形态、位置;熟悉肾的内部结构;了解肾的被膜。
2. 掌握输尿管的分段及三个狭窄的部位。
3. 掌握膀胱的形态、膀胱三角的构成和特点;熟悉膀胱的位置。
4. 掌握女性尿道外口的开口部位,熟悉女性尿道的特点。

【教学时数】
0.5～1学时。

【实验教具】
1. 标本 ① 腹后壁示肾的被膜及肾蒂的标本;② 游离男、女性泌尿生殖系标本;③ 男、女性盆腔正中矢状切面标本;④ 肾额状切面标本;⑤ 示膀胱三角的标本。
2. 模型 ① 男、女性泌尿生殖器模型;② 肾冠状面模型;③ 男、女性盆腔矢状面模型。

【注意事项】
1. 男性尿道在生殖系学习。
2. 观察时应将各器官放置原位。

【参考教材】
严振国.正常人体解剖学.上海:上海科学技术出版社,2006.110～116

【实习内容】
泌尿系统由肾、输尿管、膀胱及尿道四部分组成。

1. **肾**

(1) 外形:在游离肾标本观察。肾外形似豇豆,分上、下两端,前、后两面和内、外侧两缘,内侧缘中部凹陷称为**肾门**,有血管、神经、淋巴管及肾盂等出入,这些结构被结缔组织包裹成束称**肾蒂**。由肾门深入肾实质之间的腔隙称**肾窦**。

(2) 位置:在整体标本观察,肾位于脊柱两侧,紧贴腹后壁,为腹膜外位器官。左肾上端平第11胸椎下缘,下端平第2腰椎下缘,右肾较左肾低半个椎体。

(3) 被膜:在整体标本观察,肾的被膜由内向外依次为**纤维囊**、**脂肪囊**和**肾筋膜**。

(4) 肾内部结构:在肾的冠状切面标本和模型观察,肾实质分为边缘的肾皮质及深部的肾髓质两部,**肾皮质**新鲜时呈红褐色,**肾髓质**位于肾实质深部,由15～20个圆锥形的**肾锥体**组成,肾皮质伸入肾锥体之间的部分称**肾柱**。肾锥体底朝向皮质,尖端钝圆,朝向肾窦称**肾乳头**。围绕在肾乳头周围的膜状小管称**肾小盏**,相邻的2～3个肾小盏合成一个**肾大盏**。2～3个肾大盏合成一个漏斗状的**肾盂**。肾盂出肾门后逐渐变细,移行为输尿管。

2. **输尿管** 输尿管起自肾盂,终于膀胱的肌性管道,长20~30 cm。输尿管先位于腹部,后进入盆腔,最后穿膀胱壁开口膀胱,其全程有三个生理性狭窄,**第一个狭窄**在起始部,**第二个狭窄**在越过小骨盆入口髂血管处,**第三个狭窄**在膀胱壁内。

3. **膀胱**

(1) 形态:在游离标本上观察,膀胱空虚时为锥体形,分尖、体、底、颈四部分。尖端较小,朝向前下方称**膀胱尖**。底部似三角形朝向后下方称**膀胱底**。尖与底之间称**膀胱体**。膀胱的下部,近前列腺或尿生殖膈处称**膀胱颈**。

(2) 位置:在盆腔矢状切面标本观察,成人膀胱位于小骨盆底的前部,耻骨联合后方。空虚时,膀胱尖不超过耻骨联合上缘;尿液充盈时,膀胱尖则高出耻骨联合上缘。当膀胱充盈时,膀胱上面的腹膜也随之上移,临床上在耻骨联合上方,经腹前壁进行膀胱穿刺或膀胱手术,可不经腹膜腔而直达膀胱。

膀胱内面靠底部有光滑的三角形区域称为**膀胱三角**,此三角恰好位于2个输尿管口和尿道内口三者之间的连线内。膀胱三角在剖开的游离膀胱内观察。

4. **尿道** 女性尿道短、直、宽,长3~5 cm,直径约0.8 cm,上端起自尿道内口,下端开口于阴道前庭,该口称为**尿道外口**,位于阴道口的前方,距阴蒂约2.5 cm。

【复习思考题】

1. 何谓肾门、膀胱三角?
2. 简述输尿管的行程及三个生理狭窄的部位。
3. 试述膀胱的位置、形态及男、女性膀胱的毗邻。
4. 填图题(填出图4-1拉线所指结构的名称)。

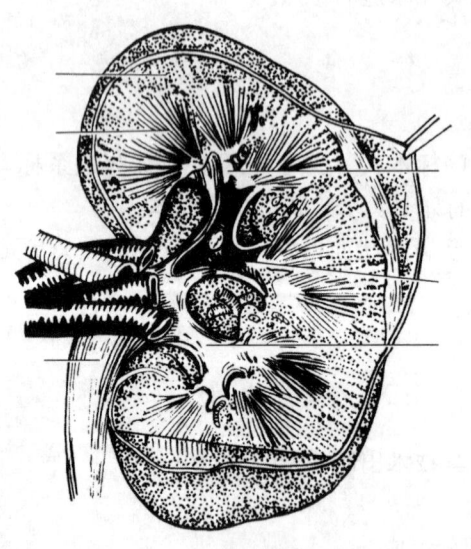

图4-1 肾冠状切面

第五章

生殖系统

第一节 男性生殖器

【目的要求】

1. 掌握睾丸、精索的位置及其组成,前列腺的位置和形态;熟悉睾丸、附睾的形态和结构,输精管的行程、位置和分部。
2. 熟悉阴茎的分部和形态结构,射精管的组成。
3. 掌握男性尿道的分部、狭窄及弯曲。

【教学时数】

1学时。

【实验教具】

1. 标本 ① 游离男性泌尿生殖器标本;② 男性盆腔正中矢状切面标本;③ 男性盆腔标本;④ 整体标本(示精索、外生殖器)。
2. 模型 ① 男性泌尿生殖器模型;② 男性盆腔矢状切面模型;③ 男性内、外生殖器解剖模型。

【注意事项】

1. 实习时同学们应严肃认真。
2. 观察时应将各器官放置原位。

【参考教材】

严振国.正常人体解剖学.上海:上海科学技术出版社,2006.117~124

【实习内容】

1. 男性内生殖器

(1) **睾丸**

1) 位置及形态:左右各一个睾丸,位于阴囊内,睾丸分内、外侧两面,前、后两缘和上、下两端。

2) 构造:在剖开的游离睾丸观察,睾丸内部由许多睾丸小叶组成,每个小叶含有数条**精曲小管**(用镊子在睾丸小叶内轻轻挑起精曲小管进行观察),可见睾丸内含有许多比头发还细的精曲小管。睾丸表面包有一层坚厚的致密结缔组织膜称**白膜**。睾丸后缘的白膜较厚。

(2) **附睾**：是贴附在睾丸的上端和后缘的一长条形结构，上部为**附睾头**，中部为**附睾体**，下端为**附睾尾**。末端与输精管相接。

(3) **输精管**：从附睾末端开始，为一细长的管道，长约 50 cm，行程较长，可分为四部分。

1) **睾丸部**：起自附睾尾，沿睾丸后缘和附睾内侧上升至附睾头。

2) **精索部（皮下部）**：介于附睾头和腹股沟管浅环之间，常为结扎输精管的部位。

3) **腹股沟管部**：位于腹股沟管内。

4) **盆部**：自腹股沟管深环向内下入骨盆腔，经输尿管末端前上方至膀胱的后面，两侧输精管膨大形成**输精管壶腹**，其末端与精囊的排泄管会合。

(4) **射精管**：由输精管壶腹下端和精囊排泄管汇合而成，开口于尿道前列腺部。

(5) **精囊**：位于膀胱底和直肠之间，是一对长椭圆形囊状器官。下端为排泄管，与输精管末端汇合成射精管。

(6) **前列腺**：位于膀胱底和尿生殖膈之间，呈板栗状，上端宽大，下端尖细，体的后面正中有一浅的**前列腺沟**。

(7) **尿道球腺**：略。

2. 男性外生殖器

(1) **阴囊**：为耻骨联合下方的一皮肤囊袋，中间有隔，将有囊分为左右两半，其中容纳睾丸、附睾和输精管的一部分。

(2) **阴茎**：分头、体、根三部分。后部为**阴茎根**，固定在耻骨和尿生殖膈，中部为**阴茎体**，在耻骨联合前下方，尖端膨大为**阴茎头**，阴茎头与体交界外一环状沟称**阴茎颈**（临床称**冠状沟**）。

阴茎由一条**尿道海绵体**和两条**阴茎海绵体**构成（从阴茎横断面上进行观察），尿道海绵体位于左、右阴茎海绵体的腹侧，前端膨大形成**阴茎头**，后端膨大为**尿道球**；阴茎海绵体位于阴茎背侧，左、右各一，前端变细嵌入阴茎头后面的凹陷内，后端分开形成左、右阴茎脚，附着耻骨弓。阴茎的皮肤薄，易伸展，在阴茎头处反折而形成双层环形皱襞称**阴茎包皮**，在阴茎腹侧的包皮和尿道外口之间有一纵行的皮肤皱襞称**包皮系带**。

3. 男尿道　在男性盆腔矢状切面标本观察。男尿道起自膀胱的尿道内口，终于阴茎头的尿道外口，全长约 18 cm，分为**前列腺部**、**膜部**和**海绵体部**。前列腺部和膜部称**后尿道**，海绵体部称**前尿道**。男尿道全长有三个狭窄，分别位于尿道内口、膜部和尿道外口处。有两个弯曲，一个为**耻骨下弯**，位于耻骨联合的下方，凹向上方，此部属于尿道的固定部。另一个弯曲为**耻骨前弯**，位于耻骨联合前下方，凹向下，在阴茎根与体之间。将阴茎上提时，此弯变直。

【复习思考题】

1. 试述男性生殖器的组成。
2. 男性患者导尿需依次经过哪些狭窄和弯曲？
3. 简述精子的产生及排出的途径。

第二节 女性生殖器

【目的要求】
1. 掌握卵巢的位置、形态;输卵管的形态、位置和分部;子宫的位置和形态、结构。
2. 熟悉阴道的位置和阴道穹。
3. 掌握尿道外口和阴道口的位置。
4. 掌握女性乳房的结构。
5. 熟悉会阴的位置和分部;坐骨肛门窝的位置。

【教学时数】
1学时。

【实验教具】
1. 标本 ① 游离女性生殖器标本;② 女性盆腔标本(腹膜完整无损),兼示外生殖器;③ 女性盆腔正中矢状切面标本;④ 乳房标本;⑤ 男、女性会阴标本。
2. 模型 ① 女性泌尿生殖器模型;② 女性盆腔矢状切面模型;③ 乳房模型;④ 会阴模型。

【注意事项】
1. 实习时同学们应严肃认真。
2. 观察时应将各器官放置原位。

【参考教材】
严振国.正常人体解剖学.上海:上海科学技术出版社,2006.124~131

【实习内容】
1. 女性内生殖器

(1) **卵巢**:在女性盆腔标本与游离女性生殖标本上观察。卵巢左右各一,为椭圆形实质性器官,位于髂内、外动脉起始部之间的夹角处,可分为内、外侧两面,上、下两端和前、后两缘。上端为输卵管端,借**卵巢悬韧带**与盆壁相连,下端为**子宫端**,借**卵巢固有韧带**连于子宫角。

(2) **输卵管**:为成对的肌性管道,长10~12 cm。包裹在子宫阔韧带上缘内。其内侧端连于子宫角,外侧端游离,输卵管可分为4部分。① **输卵管子宫部**:此部从子宫外侧角穿入子宫壁内,以输卵管子宫口,开口于子宫腔。② **输卵管峡**:短而狭窄,行输卵管结扎术多在此进行。③ **输卵管壶腹**:此段管腔膨大成壶腹状,约占输卵管全长的2/3段,卵子通常在此受精。④ **输卵管漏斗**:为输卵管的外侧端,扩大成漏斗状,漏斗边缘有许多不规则的突起称**输卵管伞**,漏斗底部向腹膜腔开口称**输卵管腹腔口**。

(3) **子宫**

1) 形态:呈前后略扁,倒置的鸭梨状。分前、后两面,左、右两缘。前面朝向膀胱,后面邻直肠。子宫自上向下可区分为底、体、颈三部分,两侧输卵管子宫口上方的子宫顶部为**子宫底**,子宫下端狭窄部为**子宫颈**,其下端(下1/3)突入阴道内称为**子宫颈阴道部**,子宫颈其余部分位于阴道上方,称**子宫颈阴道上部**。子宫颈和子宫底之间的部分,称**子宫体**。子宫体和子宫颈阴道上部连接的部位,稍狭细称**子宫峡**(在非妊娠期此部不明显),产科常在此处进行剖腹取胎,子宫与输卵管相连的部位称**子宫角**。

子宫内腔狭窄,可分为**子宫腔**和**子宫颈管**两部分(在女性内生殖器放大切面模型上观察)。子宫腔在子宫体内,系前后扁平的三角形腔隙,底向上,尖向下,两端各有输卵管开口。子宫颈管在子宫颈内,上下两端狭窄,中间稍宽,呈梭形,上口通子宫腔,下口通阴道,称**子宫口**。子宫口的前、后缘分别称为**前唇**和**后唇**。后唇稍长,位置较高。

2) 位置:在女性盆腔矢状切面标本上观察,子宫位于骨盆腔中央,膀胱和直肠之间。成年女子子宫正常位置为前倾、前屈。**前倾**是指子宫和阴道之间形成一定的角度。**前屈**为子宫体和子宫颈之间形成一定的角度。

3) 固定装置:子宫的正常位置主要依靠下列 4 对韧带维持:**子宫阔韧带**为被覆在子宫前、后面的腹膜,在子宫外侧缘移行为两层腹膜皱襞,并延伸到骨盆侧壁,子宫阔韧带内包有卵巢、输卵管、卵巢固有韧带和子宫圆韧带及血管、淋巴管、神经等。**子宫圆韧带**起自子宫角下方,行走在阔韧带中,从内侧向前外方,跨过骨盆侧壁,经腹股沟管深环入腹股沟管,再出腹股沟管皮下环,止于大阴唇和阴阜皮下,作用是维持子宫前倾。**子宫主韧带**、**子宫骶韧带**略。

(4) **阴道**:阴道为前后扁平的肌性管道,连接子宫与外生殖器。阴道上端绕子宫颈下部,与子宫颈之间形成环形腔隙称**阴道穹**。阴道穹分前部、后部和两个侧部,分别位于子宫颈阴道部的前、后和两侧。阴道穹后部深而宽广,与直肠子宫陷凹相邻,阴道下端以阴道口开口于阴道前庭,阴道口周围有皱襞称**处女膜**或**处女膜痕**。

2. 女性外生殖器　在完整女性标本上观察。女性外生殖器又称**女阴**,主要包括**阴阜**、**大阴唇**、**阴道前庭**、**阴蒂**等。

附　乳房、会阴

(一) 乳房

乳房并不是生殖器官,但功能上与生殖器官关系密切,故习惯在学习女性生殖器时一并观察。乳房左右各一,位于胸前部,呈半球形,乳房的中央有**乳头**,其表面有输乳管的开口,乳头周围有一较深的环行区域,称**乳晕**。

乳房内部的**乳腺**(在乳房已解剖的标本上观察),乳腺的组织形成 15~20 个**乳腺叶**,每一乳腺叶又分为若干个**乳腺小叶**,每个乳腺叶发出一排泄管称**输乳管**,都向乳头集中,并呈放射状排列,其末端则变细开口于乳头上的输乳孔。在乳房深部自胸筋膜发出许多结缔组织束穿过乳腺小叶连于皮肤,称**乳房悬韧带**,又称 **Cooper 韧带**,对乳腺有支持作用。

(二) 会阴

1. 位置和分部　广义的会阴是指封闭骨盆下口的全部软组织,前为耻骨联合下缘,后为尾骨尖,两侧为耻骨、坐骨和骶结节韧带。由两坐骨结节之间的连线可将会阴分为前、后两部,前部为**尿生殖区(尿生殖三角)**,后部为**肛区(肛门三角)**。临床上,常将肛门和外生殖器之间的软组织称为**会阴**,即为狭义的会阴。

2. 层次结构　**尿生殖膈**位于尿生殖区最深部,由尿生殖膈上、下筋膜及两层筋膜间的横纹肌构成。男性有尿道膜部穿过,女性有尿道和阴道穿过。**盆膈**位于肛区深部,由盆膈上、下筋膜及两层筋膜间的肛提肌构成,其中央有肛管穿过。

【复习思考题】

1. 女性内生殖器包括哪些器官?
2. 简述输卵管的分部,受精和结扎的常用部位。
3. 试述子宫的位置及固定装置。
4. 填图题(填出图5-1拉线所示结构的名称)。

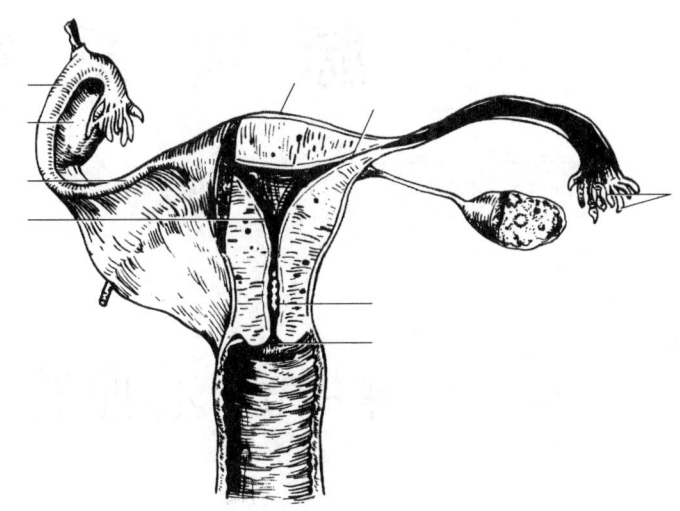

图5-1　女性内生殖器

第六章 脉管系统

第一节 心血管系统

一、心

【目的要求】
1. 掌握心的位置、外形和各腔结构。
2. 熟悉心的传导系、心的血管分布和体表投影。
3. 了解心壁构造和心包的形态结构。

【教学时数】
1学时。

【实验教具】
1. 标本 ① 切开胸腹腔前壁,保留脏器原位,切断肺根,可游离出肺,心包作"工"字形切开的标本。② 自房室前壁切开,观看心腔各房室结构的离体标本。③ 保留心脏整体外形,沿心下缘及左、右缘切开心包的离体心脏。④ 沿冠状沟稍上方去除左、右心房,并剥出左、右房室口,肺动脉口,主动脉口周围的纤维环标本。⑤ 牛心或猪心分别剥出窦房结、房室结、房室束和左、右束支标本。⑥ 心冠状血管注色的离体心脏标本。⑦ 心的血管标本。
2. 模型 ① 心脏模型。② 心传导系模型。③ 切开胸、腹前壁的半身人体模型。

【注意事项】
1. 一定要把心标本放在解剖位置后再进行观察。
2. 心形态结构较复杂,必须对照教材插图,密切联系功能学习,这样才能易于理解和记忆。

【参考教材】
严振国.正常人体解剖学.上海:上海科学技术出版社,2006.135~144

【实习内容】
1. 心的位置与外形 在打开胸前壁的完整尸体标本上观察,可见心位于纵隔内,居两肺之间。其外囊以心包。翻开心包的前份,即见心呈圆锥形,约2/3在身体正中矢状面的左侧,

1/3 在正中矢状面的右侧。

将离体完整心放在解剖位置,配合心模型观察。心形似倒置的圆锥体,有一尖、一底、两面、三缘和三条沟。其尖指向左前下方,称**心尖**;底朝向右后上方,称**心底**,与出入心的大血管干相连;前面朝向前上方,称**胸肋面**;后下贴于膈上,称**膈面**。心的**右缘**较锐利,**左缘**钝圆,**下缘**近水平位。心表面近心底处有一几乎呈环形的**冠状沟**,此沟将心分为上、下两部,上部较小为心房,下部较大为心室,是心房和心室的表面分界线。心室的前、后面各有一条纵沟,分别称**前室间沟**和**后室间沟**,前、后室间沟为左、右心室的表面分界线。

2. 心的各腔 心有4个腔。即左心房、右心房、左心室和右心室。左、右心房间有**房间隔**;左、右心室之间有**室间隔**。心房与心室之间的开口称**房室口**。

把切开的离体心或心模型放在解剖位置上,分别观察右心房、右心室、左心房和左心室的内部结构。

(1) **右心房**:其向左前方突出的部分,称**右心耳**。翻开房壁,可见其壁薄,内面光滑。查看出入口,其后上方的入口为**上腔静脉口**;后下方的入口为**下腔静脉口**;前下方的出口为**右房室口**,此口通右心室。在下腔静脉口和右房室口之间,有**冠状窦口**。在房间隔的下部有一卵圆形浅窝,称**卵圆窝**。

(2) **右心室**:将右心室前壁揭开,可见其室腔呈倒置的圆锥形。有出入两口,入口在后上方,即右房室口,在口的周缘附有三片呈三角形的瓣膜,称**右房室瓣**(又称**三尖瓣**)。在右心室内面,有锥体形的肌隆起,称**乳头肌**,在乳头肌尖端有**腱索**相连。右心室腔向左上方伸延的部分,形似倒置的漏斗形,称**动脉圆锥**。动脉圆锥的上端即右心室的出口,称**肺动脉口**,在口的周围附有3片呈半月形的瓣膜,称**肺动脉瓣**。

(3) **左心房**:将心翻转,在心底处找到左心房,其向右前突出的部分称**左心耳**。左心房后壁有4个入口,左、右各2个,称**肺静脉口**。揭开房壁,可见前下部有一出口,称**左房室口**,通向左心室。

(4) **左心室**:翻开左心室前壁,可见左心室内腔亦呈倒置的圆锥形,其底部有出入两口,入口在左后方,称左房室口,该口的周缘附有两片呈三角形的瓣膜,称**左房室瓣**(又称**二尖瓣**),借腱索连于乳头肌;出口位于右前方,称**主动脉口**,通向主动脉。主动脉口周缘也有三片半月形瓣膜,称**主动脉瓣**。

3. 心壁的构造 用已切开的心观察,心壁由内向外可分为心内膜、心肌和心外膜三层。

(1) **心内膜**:衬贴于心房、心室的内面,薄而光滑。

(2) **心肌**:构成心壁的主体,心室肌比心房肌发达,请自己比较左、右心室肌的厚度与功能关系。

(3) **心外膜**:被覆于心肌表面,为浆膜心包的脏层。

4. 心的传导系统(示教) 心传导系由特殊的心肌纤维构成,包括窦房结、房室结和房室束及其分支等。心传导系也可在牛心和猪心标本上观察。

(1) **窦房结**:位于上腔静脉和右心耳之间的心外膜深面。

(2) **房室结**:位于冠状窦口和右房室口之间的心内膜深面,相当于冠状窦口前上方。

(3) **房室束**:由房室结发出,入室间隔分为左、右两支。**右束支**较细,在室间隔右侧心内膜深面下降;**左束支**沿室间隔左侧心内膜深面下行。左、右两支在心室内逐渐分为许多细小分支,最后形成浦肯野纤维网,与一般心室肌纤维相连。

5. 心的血管 用离体心标本配合模型观察。

(1) 动脉：营养心本身的动脉，有左、右冠状动脉。

1) **左冠状动脉**：起自升主动脉起始部左侧，经左心耳和肺动脉之间左行，即分为**前室间支**和**旋支**。前室间支沿着前室间沟走向心尖；旋支沿冠状沟向左行，绕过心左缘至心的膈面。

2) **右冠状动脉**：起自升主动脉起始部右侧，经肺动脉和右心耳之间沿冠状沟向右行，绕心右缘至冠状沟后部，其中一支沿后室间沟向下前行，称**后室间支**。

(2) 静脉：在心的膈面观察，在左心房和左心室之间的冠状沟内，有一短粗静脉干，称**冠状窦**，它收集了**心大静脉、心中静脉**和**心小静脉**的血液，经冠状窦口注入右心房。

6. **心包** 在未切开和已切开心包的标本上观察。心包为包囊心和大血管根部的锥形囊，包括**纤维心包**和**浆膜心包**两部分。浆膜心包又分为脏层和壁层：**脏层**紧贴在心表面，即心外膜；**壁层**贴于纤维心包的内面。浆膜心包的脏、壁两层在大血管根部互相移行，两层间形成的腔隙，称**心包腔**。纤维心包紧贴在浆膜心包壁层的外面，上方移行为大血管的外膜，下方愈着于膈肌。

7. 心的体表投影 在整体标本上定位观察。

【复习思考题】

1. 在整体标本及游离心脏标本上，如何确认心的位置及外表形态和内脏的结构？如果冠状动脉前室间支、后室间支或旋支有梗塞，可分别造成心脏的哪些区域供血不良？

2. 如何确定心的体表投影位置？

3. 某患者诊断为渗出性心包炎，心包腔有积液，你考虑从何处进针，达到什么部位抽取心包积液较合适？

4. 某风湿性疾病患者，并发左房室瓣狭窄，每当劳动时，患者呼吸困难，X线检查发现其左心房扩大；而另一患者则有全身性水肿，下肢及眼睑特别明显，X线检查发现其右心房增大，医生诊断他为右房室瓣狭窄。据你所学到的有关心脏血流动力学知识，解释上述两位患者，分析出现症状的原因。

5. 有一患者常发生胸骨后针刺样疼痛，做心电图检查时发现有心尖部供血不全的表现，你认为可能是心的哪支血管病变所致？

二、肺循环的血管

【目的要求】

1. 熟悉肺动脉干的位置、肺动脉和肺静脉的名称。

2. 了解动脉韧带的位置。

【教学时数】

0.2学时。

【实验教具】

1. 标本 连肺动、静脉离体心和离体肺与纵隔标本。

2. 模型 大心脏模型。

【注意事项】

肺动脉内含静脉血，肺静脉内含动脉血。

【参考教材】

严振国.正常人体解剖学.上海：上海科学技术出版社,2006.144

【实习内容】

1. **肺动脉** 在打开胸前壁的完整尸体标本和离体心的标本上观察,肺动脉以一短干起自右心室,称**肺动脉干**,它沿主动脉前方上升,至主动脉弓下方分为**左、右肺动脉**,分别经左、右肺门入肺。在肺动脉分叉处,其与主动脉弓下缘之间,有一短纤维索相连,称**动脉韧带**,是胚胎时期动脉导管闭锁后的遗迹。

2. **肺静脉** 肺静脉是运送肺内血液返回左心房的血管。在游离肺标本上观察,肺静脉位于肺门前份。在游离心的后面观察,左、右肺静脉均开口于左心房的后壁,每侧各有两条。

【复习思考题】

1. 动脉导管在胎儿时期将肺动脉中的血液导向何方?
2. 何谓动脉韧带？如何形成?

三、体循环的动脉

【目的要求】

1. 掌握主动脉的分段和其重要分支。
2. 掌握颈总动脉、颈内动脉、颈外动脉、面动脉、颞浅动脉的起始、走行位置及分布范围。
3. 掌握锁骨下动脉、腋动脉、肱动脉、尺动脉、桡动脉、股动脉、腘动脉、胫前动脉、胫后动脉、足背动脉的起始和走行位置。
4. 掌握腹腔干三大分支和肠系膜上、下动脉及肾动脉的名称和分布范围,髂总动脉、髂外动脉走行位置、髂内动脉的起始和分布范围。
5. 熟悉甲状腺上、下动脉和上颌动脉、脑膜中动脉、椎动脉及胸廓内动脉、直肠上动脉、阴部内动脉的起始和分布范围。
6. 熟悉上、下肢动脉分布范围和腹腔干三大分支后的各级分支及肠系膜上、下动脉分支的名称。

【教学时数】

1～2学时。

【实验教具】

1. 标本 ① 保留出入心脏大血管(上腔静脉保留左右头臂静脉,主动脉保留主动脉弓及其分支,保留左、右肺动脉及动脉韧带)的离体心脏标本。② 切开胸腔前壁,心包作"工"字形切口,剥出连通心脏的大血管根部,顺主动脉干解剖出各部分支的尸体标本。③ 头颈、胸廓正中矢状切面,连附上肢;解剖出头颈、胸廓、上肢各部血管主干及分支的离体标本。
2. 模型 切开胸腹腔前壁,半身人体模型。

【注意事项】

1. 注意在标本上区别动脉、静脉。
2. 根据动脉起止、行程、分支及分布范围来学习。
3. 观察时动作要轻巧,不要用力牵拉,以免将动脉扯断。
4. 观察后要将动脉放回原解剖位置上。

【参考教材】

严振国.正常人体解剖学.上海：上海科学技术出版社，2006.144～159

【实习内容】

1. **主动脉**　在已打开胸、腹前壁的完整尸体标本上观察，主动脉由左心室发出后，上升不远即弯向左后方至脊柱的左侧下行，经膈的主动脉裂孔入腹腔，达第4腰椎水平分为左、右髂总动脉。

（1）**升主动脉**：配合离体心脏标本观察。升主动脉起自左心室主动脉口，向右前上方斜行达右侧第2胸肋关节处，移行为主动脉弓。左、右冠状动脉发自升主动脉起始部。

（2）**主动脉弓**：是升主动脉的延续，弓形弯向左后方，至第4胸椎水平，移行为降主动脉。在主动脉弓的凸侧，发出营养头、颈和上肢的血管，从右至左依次为**头臂干**、**左颈总动脉**和**左锁骨下动脉**。头臂干在右胸锁关节后面，亦分为**右颈总动脉**和**右锁骨下动脉**。

（3）**降主动脉**：是主动脉弓的延续，以主动脉裂孔为界，又分为**胸主动脉**和**腹主动脉**。

2. 头颈部的动脉

（1）**颈总动脉**：左右各一，右侧起自头臂干，左侧起自主动脉弓，两者都经胸廓上口入颈部，至甲状软骨上缘处分为颈内动脉和颈外动脉。

在颈总动脉分叉处有两个重要结构，即**颈动脉窦**和**颈动脉小球**。颈动脉窦为颈内动脉起始部的膨大部分。颈动脉小球位于颈内、外动脉分叉处的后方，为红褐色的麦粒大小的椭圆形结构(示教)。

（2）**颈外动脉**：由颈总动脉发出后，经胸锁乳突肌深面上行，至颞下颌关节附近，分为颞浅动脉和上颌动脉两个终支。颈外动脉分布于颈部、头面部和硬脑膜等，其主要分支有：

1) **甲状腺上动脉**：自颈外动脉起始部前面发出，向前下方至甲状腺左、右叶的上端，分支营养甲状腺及喉。

2) **面动脉**：起自颈外动脉，经下颌下腺的深面，在咬肌前缘绕下颌骨下缘达面部，再经口角和鼻翼外侧迂曲向上，至眼内眦，改名为**内眦动脉**。

3) **颞浅动脉**：为颈外动脉终支之一，在耳屏前方上升，越过颧弓根至颞部，分支营养腮腺、眼轮匝肌、额肌和头顶颞部的浅层结构。

4) **上颌动脉**：是颈外动脉的另一个终支，在下颌颈水平处起自颈外动脉。向前行达上颌骨后面，沿途分布于上、下颌牙、咀嚼肌、鼻腔、腭、颊等处。其中还分出一个支到颅内，称**脑膜中动脉**，它自棘孔入颅，分布于硬脑膜(示教)。

（3）**颈内动脉**：由颈总动脉发出后，向上经颅底颈动脉管入颅腔，分支营养脑和视器(见"神经系统")。

（4）**锁骨下动脉**：左侧起自主动脉弓，右侧起自头臂干。左、右锁骨下动脉都贴肺尖的内侧绕胸膜顶，出胸廓上口，在锁骨下方越过第1肋，进入腋窝，改名为腋动脉。其主要分支有：

1) **椎动脉**：为锁骨下动脉最内侧一个较粗的分支，向上穿第6～1颈椎横突孔，经枕骨大孔入颅，营养脑和脊髓(见"神经系统")。

2) **胸廓内动脉**：起自锁骨下动脉的下面，与椎动脉的起始处相对侧处，在第1～7肋软骨后面下行，其终支进入腹直肌鞘内，改名为**腹壁上动脉**，沿途分支至胸前壁、心包、膈和腹直肌。

3) **甲状颈干**：短而粗，起自锁骨下动脉。其主要分支有**甲状腺下动脉**，横过颈总动脉等后面，至甲状腺下端的后方，分数支进入腺体。

3. 上肢的动脉

(1) **腋动脉**：在第1肋外缘续于锁骨下动脉，经腋窝至背阔肌下缘改名为肱动脉。腋动脉的内侧有腋静脉伴行，周围有臂丛包绕。腋动脉主要分支分布于肩关节、胸肌、背阔肌和乳房等处。

(2) **肱动脉**：是腋动脉的直接延续，沿肱二头肌内侧沟与正中神经伴行，向下至肘窝深部，平桡骨颈处分为桡动脉和尺动脉。

(3) **桡动脉**：为肱动脉终支之一，经肱桡肌和旋前圆肌之间，继在肱桡肌和桡侧腕屈肌之间下行至桡腕关节处绕到手背，然后穿第1掌骨间隙至手掌深面，与尺动脉的掌深支吻合，构成掌深弓。

(4) **尺动脉**：斜越肘窝，在尺侧腕屈肌和指浅屈肌之间下行，至桡腕关节处，经豌豆骨的外侧入手掌，其终支与桡动脉的掌浅支吻合形成掌浅弓。

(5) 掌浅弓和掌深弓：利用掌浅、深弓标本示教。

1) **掌浅弓**：位于掌腱膜深面，指屈肌腱的浅面，由尺动脉的终支和桡动脉的掌浅支构成。自掌浅弓向前发出4个分支，1个为**小指尺掌侧动脉**，供应小指尺侧缘；其余3个为**指掌侧总动脉**，在掌指关节处各又分为2支**指掌侧固有动脉**，供应第2～5指的相对面。

2) **掌深弓**：位于指屈肌腱的深面，由桡动脉的终支和尺动脉的掌深支构成，血液主要来自桡动脉。掌深弓很细，由它发出3个分支，向远侧至掌骨头附近注入掌浅弓的各个分支。

4. 胸部的动脉　在打开胸前壁的完整尸体标本上观察，**胸主动脉**位于脊柱的左前方，上在第4胸椎高度续于主动脉弓，向下斜行至脊柱前面，在第8、第9胸椎水平同食管交叉（在食管之后），向下平第12胸椎处穿膈的主动脉裂孔，进入腹腔，延续为腹主动脉。胸主动脉的主要分支有壁支和脏支。

(1) 壁支：主要为**肋间后动脉**，共9对，走在第3～11肋间隙中，位于相应肋骨的肋沟内，还有1对**肋下动脉**沿第12肋下缘走行，壁支主要分布到胸、腹壁的肌和皮肤。

(2) 脏支：细小，主要有**支气管支**和**食管支**，营养同名器官（不必观察）。

5. 腹盆部的动脉

腹主动脉：先在腹腔深层标本上观察，可见腹主动脉在脊柱的左前方下行，约在第4腰椎高度分为左、右髂总动脉。腹主动脉分支有脏支和壁支，现主要观察脏支。

1) **腹腔干**：短而粗，自腹主动脉起始部发出，立即分为**胃左动脉**、**肝总动脉**和**脾动脉**3支，主要营养胃、肝、胆囊、胰、十二指肠和食管腹部等处。胃左动脉向左上行至胃的贲门处再沿胃小弯向右下行，与胃右动脉吻合。肝总动脉向右行，分为**肝固有动脉**和**胃十二指肠动脉**。脾动脉，轻轻把胃向上翻起，可见脾动脉沿胰的上缘向左行至脾门，其分支有**胃网膜左动脉**、**胃短动脉**等。

2) **肠系膜上动脉**：约平第1腰椎水平起自腹主动脉，经胰头和十二指肠之间进入肠系膜根内，分支分布于十二指肠以下至结肠左曲之间的肠管。

3) **肠系膜下动脉**：约平第3腰椎处起自腹主动脉，向左下方行走，分支分布于横结肠左曲以下至直肠上2/3的肠管。其重要分支有直肠上动脉。

4) **肾动脉**：为一对粗大的动脉，约平第1腰椎体下缘发自腹主动脉，水平横向外侧，经肾门入肾。

5) **睾丸动脉**：示教。

6) **肾上腺中动脉**：示教。

6. 盆部的动脉

(1) **髂总动脉**：腹主动脉平对第 4 腰椎体下缘分为左、右髂总动脉。髂总动脉向外侧行至骶髂关节处又分为髂内动脉和髂外动脉。

(2) **髂内动脉**：是一短干，向下进入盆腔，分支分布于盆内脏器及盆壁。示教下列动脉：**直肠下动脉、子宫动脉、阴部内动脉**。

(3) **髂外动脉**：是输送血液至下肢的主干，它沿腰大肌内侧缘下降，经腹股沟韧带深面至股部，移行为股动脉。髂外动脉在腹股沟韧带上方发出**腹壁下动脉**，行向上内至腹直肌鞘。

7. 下肢的动脉

(1) **股动脉**：在腹股沟韧带中点深面续髂外动脉，向下穿收肌管达腘窝，改名为腘动脉。在股三角内，股动脉居中，其内侧有股静脉，外侧有股神经。股动脉较大的分支为股深动脉。它行向后内下方，分支营养大腿诸肌。

(2) **腘动脉**：位于腘窝深部，为股动脉的延续，向下至腘窝下角处分为胫前动脉和胫后动脉。

(3) **胫后动脉**：是腘动脉终支之一，行于小腿后群肌深、浅两层之间，向下经内踝与跟腱之间达足底，分为**足底内侧动脉**和**足底外侧动脉**。胫后动脉分布于小腿后群肌、外侧群肌和足底肌。

(4) **胫前动脉**：自腘动脉发出后，向前穿小腿骨间膜至小腿前群肌之间下行，经距小腿关节前方移行为**足背动脉**。

【复习思考题】

1. 请以箭头形式，叙述血液从左心室搏出，分别到心、肺、舌尖、肝、阑尾及左脚足趾，各自经过的途径如何？
2. 某患者需做甲状腺次全切除术，应该结扎哪些动脉？在结扎前应该考虑哪些问题？
3. 锁骨下动脉和腋动脉之间，肱动脉和桡、尺动脉之间有哪些吻合途径？
4. 李某左手掌浅弓被切断，可在哪些部位压迫什么动脉以达到急救止血？
5. 供给胃的动脉有哪些？它们的起始及行径如何？
6. 胆囊切除术，需结扎胆囊动、静脉，试想在何处容易找到胆囊动脉？
7. 阑尾切除术时，将在何处才较容易找到阑尾动脉进行结扎？
8. 做子宫切除术，应结扎哪些动脉？其中子宫动脉与输尿管的关系如何？
9. 某患者在股三角以下损伤股动脉而大量出血，应该在何处行紧急压迫止血？

四、体循环的静脉

【目的要求】

1. 掌握上腔静脉、下腔静脉、头臂静脉、颈内静脉及锁骨下静脉的组成、收纳范围和汇入。
2. 掌握颈外静脉、头静脉、贵要静脉及肘正中静脉、大隐静脉、小隐静脉的起始、走行位置及汇入和静脉角概念。
3. 掌握肝门静脉的组成、位置、收纳范围及侧支循环。
4. 熟悉奇静脉的位置，各级属支的名称和收纳范围；胸廓内静脉的收纳范围；髂总静脉、肾静脉、肝静脉的起始、走行位置及汇入。

【教学时数】

1学时。

【实验教具】

1. 标本 ① 游离的中等动、静脉各一段,保留其一段原形,另一段纵行切开,观察动脉、静脉管腔,显示静脉瓣(瓶装)标本;② 显示全身浅静脉,如头面部静脉、颈外静脉、头静脉、贵要静脉、肘正中静脉、小隐静脉、大隐静脉及其在腹股沟部的属支和胸腹壁浅静脉的童尸;③ 切开胸、腹前壁移除肺,保留腹腔脏器,观察上腔静脉、奇静脉、半奇静脉、副半奇静脉、椎外静脉丛、髂内和髂外静脉、髂总静脉、下腔静脉、肝门静脉及其属支的标本;④ 已解出头颈及四肢浅深层肌肉、血管、神经,切开胸腹前壁,保留腹腔脏器,并剥出其血管,移除肺的尸体标本;⑤ 保留肝、十二指肠及胰腺,观察肝十二指肠韧带中三个重要结构位置关系的离体标本。

2. 模型 ① 大心脏附出入心脏大血管模型;② 切开胸腹前壁保留脏器的半身模型;③ 肝门静脉组成及其与上、下腔静脉吻合途径的模型。

【注意事项】

1. 深静脉多与动脉伴行,故制作标本时,有些静脉可能被切除,可观察同名动脉体会之。

2. 静脉的变异较多,尤以浅静脉变异更多,观察时应特别注意。

3. 静脉比动脉壁薄、弹性差、易损坏,故观察时切忌用力拉扯。

【参考教材】

严振国.正常人体解剖学.上海:上海科学技术出版社,2006.161～169

【实习内容】

在完整尸体标本上观察。

1. 上腔静脉系 上腔静脉系由上腔静脉及其属支组成,收集头颈、上肢及胸部(心除外)的静脉血,注入右心房。

上腔静脉为一条短而粗的静脉干,于右侧第1胸肋关节的后面,由左、右头臂静脉汇合而成,沿升主动脉右侧垂直下降,注入右心房。

头臂静脉是由同侧颈内静脉和锁骨下静脉,在胸锁关节后方汇合而成,其汇合处形成的夹角称**静脉角**。

(1) 头颈部的静脉

1) **颈内静脉**:是头、颈部的静脉主干,上端起自颅底颈静脉孔,收集颅内静脉血,沿颈内动脉和颈总动脉外侧下行,在胸锁关节的后方与锁骨下静脉汇合成头臂静脉。颈内静脉的属支分为颅内属支和颅外属支。主要观察颅外属支:

面静脉:起自眼内眦(内眦静脉)与面动脉伴行,在下颌角附近与下颌后静脉前支汇合,下行注入颈内静脉。

下颌后静脉:由颞浅静脉和上颌静脉汇合而成。

2) **颈外静脉**:起自下颌角附近,沿胸锁乳突肌表面下降,注入锁骨下静脉。颈外静脉为一浅静脉干,一般在活体透过皮肤可见。

(2) 上肢的静脉 有深、浅两种,浅静脉居皮下,深静脉与动脉伴行。

1) 浅静脉:手背皮下的浅静脉形成**手背静脉网**,由此网汇集成头静脉和贵要静脉。**头静脉**起自手背静脉网的桡侧,沿前臂桡侧和肱二头肌外侧沟上行,至三角肌和胸大肌之间注入腋静脉或锁骨下静脉。**贵要静脉**起自手背静脉网的尺侧,沿前臂尺侧和肱二头肌内侧沟上行,注入肱静脉或腋静脉。**肘正中静脉**位于肘窝内,是连接头静脉和贵要静脉的一条短干。

2) 深静脉:与同名动脉伴行,请查看,在臂以下,一般有两条静脉与同名动脉伴行。

(3) 胸部的静脉

1) **奇静脉**:在除去胸腔脏器的标本上观察,可见奇静脉在椎体右侧上行,至第4、第5胸椎水平向前弯,绕过右肺根上方,注入上腔静脉。奇静脉收集右肋间后静脉、食管静脉、支气管静脉及半奇静脉的血液。

2) **胸廓内静脉**:与同名动脉伴行,注入头臂静脉。

2. 下腔静脉系 下腔静脉系由下腔静脉及其属支组成,收集下肢、盆部、腹部等处的静脉血,注入右心房。

下腔静脉是一条粗大的静脉干,约在第5腰椎体右侧,由左、右髂总静脉汇合而成,沿腹主动脉右侧上升,经肝的腔静脉窝,穿膈的腔静脉孔入胸腔,注入右心房。

(1) 下肢的静脉:可分浅静脉和深静脉两类。

1) 浅静脉:下肢的浅静脉在皮下组织内构成静脉网,其中有两条较恒定的静脉,即大、小隐静脉。**小隐静脉**在足外侧起自足背静脉弓,经外踝后方上升,沿小腿后面正中线行至腘窝,注入腘静脉。**大隐静脉**是全身最长的皮下静脉,于足内侧起自足背静脉弓,经内踝前方,沿小腿和大腿内侧上行,至隐静脉裂孔注入股静脉。大隐静脉在注入股静脉之前还收纳腹壁浅静脉及股内、外侧浅静脉的静脉血。

2) 深静脉:与同名动脉伴行,在小腿以下的动脉有两条同名静脉伴行,到腘窝处合成一条腘静脉,然后延续为股静脉。股静脉经腹股沟韧带深面延续为髂外静脉。

(2) 盆部的静脉:盆壁和盆腔内脏的静脉汇集成髂内静脉以及由股静脉延续来的髂外静脉。

(3) 腹部的静脉:可分为腹壁的静脉和腹腔脏器的静脉(在整体标本上主要观察腹腔内脏的静脉)。

1) 成对脏器的静脉:**肾静脉**与肾动脉伴行,成直角注入下腔静脉。**睾丸静脉**略。

2) 不成对脏器的静脉:不成对脏器的静脉先汇集成肝门静脉入肝,经肝静脉再注入下腔静脉。

肝静脉:有2~3支,由腔静脉沟(窝)内穿出肝实质,汇入下腔静脉。

肝门静脉:肝门静脉收集腹腔不成脏器(除肝外)的静脉血。肝门静脉是一短而粗的静脉干,多由肠系膜上静脉和脾静脉在胰头后方汇合而成。在十二指肠上部后方上行,进入肝十二指肠韧带内至肝门。在肝十二指肠韧带内查看肝门静脉、肝固有动脉和胆总管的位置关系。肝门静脉的属支有:**肠系膜上静脉**沿同名动脉上行,收集同名动脉分布区的静脉血。**脾静脉**起自脾门,沿同名动脉右行,至胰头后方与肠系膜上静脉汇合成肝门静脉。**肠系膜下静脉**与同名动脉伴行,通常注入脾静脉,有时注入肠系膜上静脉。**胃左静脉**与胃左动脉伴行,注入肝门静脉(不细查)。**附脐静脉**起自脐周静脉网,沿肝圆韧带上行至肝门,注入肝门静脉(不细查)。

【复习思考题】

1. 上腔静脉由哪些主干、属支组成?收纳哪些部位的静脉血回右心房?
2. 下腔静脉的组成、行程如何?沿途接纳了哪些属支?收纳哪些部位的静脉血回心?
3. 肝门静脉的组成及行程如何?通过哪些侧支分别与上、下腔静脉吻合?
4. 肝硬化等原因引起肝门静脉高压的患者,为什么出现胃肠淤血、呕血、便血、腹水以及腹壁静脉怒张、脾肿大等症?

5. 试考虑肝门脉高压的患者,已行脾切除,并作了脾肾静脉吻合术,为何能改善门脉高压的症状?

第二节 淋巴系统

【目的要求】

1. 掌握淋巴系统的组成;胸导管的组成、走行位置、收纳范围和汇入;右淋巴导管的组成、收纳范围和汇入。

2. 掌握腋淋巴结和腹股沟浅、深淋巴结的位置、收纳范围及其回流;掌握脾的位置。

3. 熟悉淋巴系统的主要功能及各淋巴干的名称、收纳范围。

4. 熟悉颈外侧浅、深淋巴结的位置、收纳范围及回流;熟悉脾的形态。

【教学时数】

0.5 学时。

【实验教具】

1. 标本 ① 能显示头颈部下颌下、颏下、腮腺、乳突及枕淋巴结、颈外侧浅淋巴结、腋淋巴结、腹股沟浅淋巴结的童尸标本;② 能显示颈外侧深淋巴结,锁骨上、下及腋窝淋巴结;切开胸、腹前壁下翻,保留胸腺,游离出肺;保留腹腔脏器。可观察肺门、支与管、气管、胸壁和纵隔淋巴结;腹、盆腔可观察髂内、外、腰、肠系膜上、下及腹腔淋巴结,胃及肠系膜等脏器淋巴结,下肢腹股沟深淋巴结以及腘淋巴结。此外,可观察乳糜池,胸导管的位置、行程等的尸体标本;③ 游离的肺和肝,可见肺门及肝淋巴结标本;④ 游离的脾脏标本。

2. 模型 半身人体模型。

【注意事项】

1. 胸导管结构很脆弱,观察时切勿用镊子拉扯,以免拉断损坏。

2. 爱护模型。

【参考教材】

严振国. 正常人体解剖学. 上海:上海科学技术出版社,2006. 169～178

【实习内容】

1. 胸导管和右淋巴导管(示教)

(1) **胸导管**:是全身最长最粗的淋巴导管,长 30～40 cm。在示胸导管标本上轻轻提起食管的胸部,即可在胸主动脉和奇静脉之间见到胸导管,再向下、向上追索观察其位置及行程。胸导管的下端膨大称为**乳糜池**,此池通常位于第 1 腰椎体前面,由**左腰干、右腰干和肠干**合成。胸导管起始后经主动脉裂孔入胸腔,沿脊柱右侧上行,约平第 5 胸椎处移向左侧,然后沿脊柱左侧上行,出胸廓上口至颈根部,呈弓状弯曲注入左静脉角。胸导管收集左侧上半身和整个下半身的淋巴。

(2) **右淋巴导管**:在标本或模型上观察,右淋巴导管是一短干,长约 1.5 cm。它收集右上半身的淋巴,注入右静脉角。

2. 全身主要淋巴结

(1) **下颌下淋巴结**：位于下颌下腺附近,收纳面部等处的浅、深淋巴,此淋巴结的输出管注入颈外侧深淋巴结。

(2) **颈淋巴结**：可分为浅、深两组。① **颈外侧浅淋巴结**位于颈部皮下,沿颈外静脉排列,收纳耳后、枕部及颈浅部的淋巴,其输出管注入颈外侧深淋巴结;② **颈外侧深淋巴结**沿颈内静脉排列成一条纵行淋巴结链,它直接或间接地收集头、颈部淋巴,其输出管汇集成颈干。

(3) **腋淋巴结**：位于腋窝内的血管周围。主要收集上肢、胸壁和乳房等处的淋巴,其输出管构成锁骨下干。

(4) **腹股沟淋巴结**：可分浅、深两群,浅群位于腹股沟韧带下方及大隐静脉末端周围的阔筋膜浅面;深群位于阔筋膜的深面,股静脉根部的周围。收集下肢、会阴、外生殖器、臀部和脐以下的腹前壁淋巴,其输出管经髂外淋巴结、腰淋巴结,最后经腰干注入乳糜池。

(5) **腹部淋巴结**：大致观察即可。① **腰淋巴结**位于腰椎体前面,沿腹主动脉及下腔静脉排列,其输出管汇合一对腰干,注入乳糜池;② **腹腔淋巴结**位于腹腔干周围,其输出管入肠干;③ **肠系膜上、下淋巴结**分别沿肠系膜上、下动脉根部周围排列,其输出管均入肠干。

3. 脾

(1) 位置：打开腹前壁,可见脾位于左季肋区,在第9~11肋之间。

(2) 形态：利用游离标本观察,脾略呈长扁椭圆形。脾可分为膈、脏两面,前、后两端和上、下两缘。脏面凹陷,近中央处为**脾门**。上缘较锐,有2~3个**脾切迹**。脾肿大时,可作为触摸的标志。

【复习思考题】

1. 全身主要的淋巴干有哪些？它们的组成、归属以及收集淋巴液的范围如何？
2. 胸导管的起始、行程及最后汇入怎样？
3. 在活体上可能摸到的淋巴结群有哪些？
4. 下颌下淋巴结肿大、有压痛,你认为这可能是身体的哪些部位有感染病灶？
5. 某患者左足趾感染,细菌通过淋巴途径,如何进入血流而引起菌血症？
6. 某女性左(或右)乳腺癌时,癌细胞通过淋巴管可能向哪些部位扩散转移？
7. 腹股沟浅淋巴结肿大、压痛,你考虑身体哪些部位可能有感染病灶？
8. 宫颈癌患者,癌细胞可通过什么途径转移到腹股沟淋巴结？
9. 某人用餐后,其脂肪消化成脂肪酸和甘油,经过什么途径进入血流？

第七章 内分泌系统

【目的要求】
1. 掌握内分泌器官和内分泌组织的基本概念和甲状腺、肾上腺及垂体的形态与位置。
2. 熟悉甲状旁腺、胸腺和松果体的形态及位置。
3. 了解内分泌腺的功能及与神经系统的关系。

【教学时数】
0.2学时。

【实验教具】
标本 ① 保留有脑垂体、松果体的整脑标本。② 已解出甲状腺、甲状旁腺、胸腺、肾上腺、胰腺、性腺的童尸标本(男女)。③ 头颈部矢状切面标本(示垂体)。

【注意事项】
内分泌器官有的很小,又比较分散,故需要配合多个标本,细心寻找。同时内分泌器官又易损坏,故动作要轻巧。

【参考教材】
严振国.正常人体解剖学.上海:上海科学技术出版社,2006.179~183

【实习内容】
1. **甲状腺** 在头颈部标本上观察,可见在颈前部及两侧有一呈"H"形的甲状腺。甲状腺由左叶、右叶及甲状腺峡组成。有些个体在甲状腺峡上方有锥状叶。

2. **甲状旁腺** 贴附在甲状腺左、右叶的后面或埋在甲状腺组织中,为棕黄色的卵圆形小体,一般有上、下两对(示教)。

3. **肾上腺** 位于两肾的上端,腹膜之后。左肾上腺呈半月形,右肾上腺约呈三角形。

4. **垂体** 呈椭圆形,位于垂体窝内,借漏斗连于下丘脑。

5. **胸腺** 在童尸上观察其位置与形态。

6. **松果体** 位于背侧丘脑的上后方,颜色灰红(示教)。

【复习思考题】
1. 内分泌腺的定义及其包含的范围和分类如何?
2. 垂体、松果体、甲状腺、甲状旁腺、肾上腺的位置、毗邻关系、功能各怎样?

第八章

感 觉 器

第一节 视 器

【目的要求】
1. 掌握眼球壁各层的名称、位置、分部及主要形态结构。
2. 熟悉房水、晶状体、玻璃体的位置和形态结构；眼底的形态结构；结膜的位置与分部。
3. 了解眼睑、泪器、眼球外肌和眼血管的位置和形态。

【教学时数】
1学时。

【实验教具】
1. 标本　① 猪眼、牛眼(已解剖的和未解剖的)；② 示眼睑、泪器、眼肌、眼的血管标本。
2. 模型　① 眼球模型；② 可分解的眼眶结构模型。
3. 其他　供学生解剖眼球用的解剖刀、直尖手术剪、尖嘴眼科镊、无齿普通镊。

【注意事项】
1. 实习时要配合标本和模型，能在活体上看到的尽量在活体上观察。
2. 注意眼肌的位置与作用。

【参考教材】
严振国.正常人体解剖学.上海：上海科学技术出版社，2006.184~190

【实习内容】
1. **眼球**　使用水平切面或冠状切面牛眼和模型，并对照活体观察以下结构。

(1) **眼球壁**：由外向内可分为三层。

1) **眼球纤维膜**：可分为角膜和巩膜两部分：

角膜：为眼球纤维膜的前1/6，无色透明，约呈圆形，向前突出。

巩膜：占眼球纤维膜的后5/6，呈乳白色。活体上看到的"白眼珠"就是巩膜的一部分。巩膜厚而坚韧，后部有视神经穿出。

2) **眼球血管膜**：在眼球纤维膜内面，此膜由于含大量色素细胞，在标本上颜色较深。从前向后可分为虹膜、睫状体和脉络膜三部分。

虹膜：为眼球血管膜的最前部，中国人呈棕色，中央有一圆形的**瞳孔**。在活体上通过角膜可见。虹膜与角膜周缘形成的夹角，称**虹膜角膜角**。

睫状体：是眼球血管膜环形增厚的部分，在虹膜的后方。

脉络膜：占眼球血管膜的后方大部分，贴于巩膜内面。

3）视网膜：为眼球壁最内层的薄膜，可分为两层，易于剥脱下来的为神经细胞层，紧密贴在血管膜内面的为色素上皮层。在视网膜后部的视神经起始处，有一圆盘状的结构，称**视神经盘**。在视神经盘的外侧，有一黄色区域，称**黄斑**。

(2) 眼球内容物：包括房水、晶状体和玻璃体。主要观察：

1）**晶状体**：位于虹膜和玻璃体之间，外形像一个双凸透镜。解剖牛眼时可见。

2）**玻璃体**：充填于晶状体后面的眼球内，为无色透明的胶状物质。解剖牛眼时可见。

2. 眼副器　包括眼睑、结膜、泪器和眼球外肌等结构，在标本或活体上观察。

(1) **眼睑**：俗称眼皮，分上睑和下睑，两睑之间的裂隙称**睑裂**。睑裂内、外侧两端，分别称内眦和外眦。翻转上、下睑，透过结膜，可见致密坚硬，呈半月形的结构，称**睑板**。

(2) **结膜**：翻转眼睑观察，结膜为睑内面与眼球前部薄而透明的黏膜，依其所处部位可分为睑结膜、球结膜和结膜穹三部分。

(3) 泪器：由泪腺和泪道组成。

1）**泪腺**：在标本上观察，泪腺位于眼眶外上角处。

2）**泪道**：由泪点、泪小管、泪囊和鼻泪管组成。

泪点：在活体上观察，在上、下睑缘内侧端各有一个小突起，其顶端的小孔，称泪点。

泪小管：在标本上难以观察。

泪囊：在标本上观察，泪囊为膜性囊，位于泪囊窝内，其上端为盲端，下端移行为鼻泪管。

鼻泪管：在颅骨标本上观察骨性鼻泪管。

(4) **眼球外肌**：位于眶内，分别运动眼球和眼睑的肌。在标本上观察运动眼球的4条直肌和2条斜肌。同学们在模型上观察上述6条肌的位置与走向。

3. 眼的血管　结合模型观察，眼动脉起自颈内动脉，与视神经伴行入眶，在眶部发分支营养眼外肌、泪腺及眼球。其中重要的分支有视网膜中央动脉。眼静脉收集眼球及眼副器静脉血，注入**海绵窦**。

【复习思考题】

1. 请画一个眼球水平切面的结构图，标明各部结构的名称。
2. 请分析眼球外各肌对眼球活动的作用，睫状肌、瞳孔括约肌、瞳孔开大肌对视觉调节的作用(注意上述各肌的神经支配)。
3. 视远、近距离的物体时，瞳孔及晶状体有什么改变？虹膜和睫状体肌是如何调节的？
4. 试述房水的循环路径，如房水循环障碍时，可引起什么后果？
5. 给某患者滴氯霉素眼药水于结膜囊后，患者感到咽部有苦味，氯霉素如何通达至口咽部的？

第二节 前庭蜗器

【目的要求】
1. 掌握前庭蜗器的组成和分部;鼓膜的位置、形态与分部;三块听小骨的名称及连结;内耳迷路的组成、分部及主要形态结构。
2. 熟悉耳郭的外形、中耳的位置。
3. 了解鼓室六壁及毗邻;咽鼓管位置与功能,小儿咽鼓管形态特点。

【教学时数】
1学时。

【实验教具】
1. 标本 ① 示外耳与中耳标本;② 内耳特制标本;③ 锯开鼓室的干颞骨,并雕出骨半规管、前庭、耳蜗的标本。
2. 模型 ① 显示外、中、内耳整套的耳模型;② 显示鼓室放大的颞骨模型;③ 游离的听小骨(锤骨、砧骨、镫骨);④ 颞骨与鼓室模型。

【注意事项】
1. 活体观察要严肃认真。
2. 此次实习标本小而且少,要注意配合模型。观察时,一定要将其放在解剖位置上仔细观察和体会。

【参考教材】
严振国.正常人体解剖学.上海:上海科学技术出版社,2006.191~197

【实习内容】
1. **外耳** 包括耳郭、外耳道和鼓膜三部分。
(1) **耳郭**:在人体上对照教材及插图互相观察。
(2) **外耳道**:结合模型观察,外耳道是外耳门至鼓膜之间长约2.5 cm的弯曲管道。
(3) **鼓膜**:在模型和湿标本上观察,可见鼓膜位置倾斜,与水平面成45°角,鼓膜可分为上1/8~1/6的松弛部和下7/8~5/6的紧张部。松弛部活体呈红色。紧张部活体呈灰白色,其前下方有一个三角形反光区,称**光锥**。鼓膜凸面向鼓室,与锤骨柄紧密附着,凹面向外耳道,凹面中心为**鼓膜脐**。

2. **中耳** 包括鼓室、咽鼓管、乳突窦和乳突小房。在模型及锯开的颞骨标本上对照观察或示教,注意它们的解剖位置。
(1) **鼓室**:是颞骨岩部内的一个形状不规则的含气腔隙。室壁覆有黏膜,此黏膜与咽鼓管及乳突小房内的黏膜相续。
1) 鼓室的6个壁:主要示教内、外侧壁。
外侧壁:又称鼓膜壁,以鼓膜与外耳道相隔。
内侧壁:又称迷路壁,即内耳外侧壁,此壁凹凸不平,中部有圆形隆起,称**岬**。岬的后上方有卵圆形孔,称**前庭窗**,被镫骨底封闭。岬的后下方有圆形小孔,称**蜗窗**。在活体上有膜封闭,称为第二鼓膜。

2) 鼓室内容物:主要为听小骨。

三块听小骨分别称**锤骨、砧骨和镫骨**,在游离标本上观察三骨的形态大小,在模型上观察三块听小骨的连结。

(2) **咽鼓管**:对照模型观察,咽鼓管为沟通中耳鼓室和鼻咽部的管道。

(3) **乳突窦和乳突小房**:乳突小房为颞骨乳突内的许多含气小腔,在锯开的颞骨标本上观察,可见这些小腔互相交通,向前经乳突窦与鼓室相通。

3. **内耳** 内耳埋藏在颞骨岩部骨质内。由骨迷路和膜迷路构成。

(1) **骨迷路**:在模型和显示内耳的标本上观察,可见骨迷路是颞骨岩部骨质中曲折的隧道。按形态、部位可分骨半规管、前庭和耳蜗三部分。

1) **骨半规管**:为3个半环形的小管,分别称前骨半规管、后骨半规管和外骨半规管。3个半规管互相垂直排列在3个平面上。3个骨半规管以5个脚与前庭相通。

2) **前庭**:为骨迷路中部较大的椭圆形结构,外侧壁有前庭窗和蜗窗。

3) **耳蜗**:形如蜗牛壳,由一骨性蜗螺旋管环绕蜗轴(耳蜗中心的骨轴)旋转两圈半构成,蜗壳的尖端称蜗顶,朝向前外方,基底部称蜗底,有蜗神经穿出。

(2) **膜迷路**:是套在骨迷路内的膜性管和囊,可分为椭圆囊、球囊、膜半规管和蜗管。观察位置、分部及连通关系。

【复习思考题】

1. 检查成人和幼儿的鼓膜,在方法上有何不同,为什么?耳窥镜可见到鼓膜哪些正常形态结构?
2. 在鼓室六个壁上各有哪些重要结构、毗邻和交通?
3. 内耳骨迷路和膜迷路,各包括哪几部分?前庭器包括哪些重要结构?其功能如何?
4. 请叙述声波的传导(气导、骨导)途径。
5. 接受旋转运动开始和终止时刺激的感受器;接受直线加速或减速运动刺激的感受器,它们各是什么?你是怎样理解它们的作用?

第九章

神 经 系 统

第一节 脊 髓

【目的要求】

1. 掌握脊髓的位置、外形。

2. 熟悉脊髓灰质的形态结构，白质内的重要传导束（薄束、楔束、脊髓丘脑束、皮质脊髓束）。

3. 了解脊髓节段与椎骨的关系、脊髓的功能。

【教学时数】

1学时。

【实验教具】

1. 标本　① 离体脊髓和去椎管后壁的标本；② 脊髓各段横切厚片标本和椎管横断（示脊神经）标本。

2. 其他　脊髓切片放大照片和脊髓横切面模型。

【参考教材】

严振国.正常人体解剖学.上海：上海科学技术出版社，2006.203～209

【注意事项】

1. 注意爱护标本，脊髓结构柔嫩脆弱，严禁用锐利工具夹持和撕拉。

2. 观察时必须弄清解剖方位。

【实习内容】

1. 脊髓的位置和外形　在离体或去掉椎管后壁的标本上观察，可见脊髓位于椎管内，呈前后稍扁的圆柱形，上端与延髓相续（已切断），下端缩细呈圆锥形，称**脊髓圆锥**。自圆锥的尖端向下延伸为一根细丝，称**终丝**。脊髓全长有两个梭形膨大部分：上方的称**颈膨大**，下方的称**腰骶膨大**。

脊髓表面有**前正中裂**和**后正中沟**，恰好把脊髓分为左右对称的两半，在脊髓两侧，分别有**前外侧沟**和**后外侧沟**。在前、后外侧沟内有成对的根丝出入，按位置分为前根和后根。每一对脊神经的前、后根丝在椎间孔处合成脊神经。在合并之前，后根上有一个膨大的部分是脊神经节,内含假单极神经元胞体。

在去椎板的脊柱标本上观察:成人脊髓下端达第 1 腰椎体水平(新生儿可达第 3 腰椎体水平)。由此可见,脊髓比椎管短。因此,脊神经根丝在颈部几乎是横行穿椎间孔,在颈部以下的脊神经根丝则下行一段才达相应的椎间孔,腰、骶、尾段的神经根在出相应的椎间孔之前,在椎管内垂直下降,围绕终丝形成**马尾**。

与脊髓相连的脊神经有 31 对,故脊髓也相应地分为 31 个**脊髓节段**:即 8 个颈段、12 个胸段、5 个腰段、5 个骶段、1 个尾段。各个节段并非等长。从标本上看脊髓胸段最长,脊髓尾段最短。

2. 脊髓的内部结构 在脊髓的横断面厚片上或脊髓放大图上观察。根据横径、前后径及前正中裂和后正中沟,首先确定方位,再观察内部结构,切面上中间颜色较深部分是**灰质**,周围颜色较浅部分是**白质**(在新鲜标本上灰质颜色灰暗,白质鲜亮发白)。

(1) 灰质:居脊髓中央部,略呈"H"形,"H"形的中央部分称灰质连合,其中央有一小孔,是脊髓中央管的横断面,灰质的外侧前端扩大的部分为**前角**,向后突出的部分称**后角**。前、后角之间的移行部分称**中间带**。在脊髓第 1 胸段至第 3 腰段,中间带向外侧突出形成侧角。从脊髓整体看,前、后、侧角上下连续成柱,故又称前柱、后柱、侧柱。

(2) 白质:位于灰质外周,每侧被脊髓的沟裂分成三部分。在前正中裂和前外侧沟之间的部分称**前索**;位于前、后外侧沟之间的部分称**外侧索**;位于后正中沟和后外侧沟之间的部分称**后索**。前正中裂和灰质连合之间的白质称**白质前连合**。

在脊髓后索,内侧的部分是薄束,外侧的部分是楔束。在脊髓外侧索,后方有皮质脊髓侧束,前方有脊髓丘脑侧束。在脊髓前索,内侧有皮质脊髓前束(不超过中胸节),前方有脊髓丘脑前束。

【复习思考题】
1. 脊髓的位置及外形如何?
2. 脊髓内有哪些重要的纤维束?各有何功能?

第二节 脊 神 经

【目的要求】
1. 掌握脊神经的数目、组成及纤维成分;臂丛、腰丛、骶丛的组成和位置;膈神经、尺神经、正中神经、桡神经、腋神经、肌皮神经、股神经、坐骨神经、腓总神经、腓浅神经、腓深神经和胫神经的走行位置和主要分布。
2. 熟悉颈丛的组成和位置,胸背神经、肋间神经、阴部神经和隐神经等的走行位置和主要分布。
3. 了解颈丛皮支、脊神经后支、闭孔神经、髂腹下神经、髂腹股沟神经、臀上神经和臀下神经等分布。

【教学时数】

2学时。

【实验教具】

标本 ① 脊神经标本；② 示颈丛、臂丛、腰丛、骶丛标本；③ 示膈神经、肋间神经标本；④ 完整尸体（主要示上、下肢神经）。

【参考教材】

严振国.正常人体解剖学.上海：上海科学技术出版社,2006.209～220

【注意事项】

1. 在学习上、下肢的神经时,应结合复习上、下肢肌。

2. 为掌握神经的行程和主要毗邻关系,在观察神经主干行程时,必须把附近结构放回原来解剖位置。

【实习内容】

脊神经共31对,分**颈神经**8对,**胸神经**12对,**腰神经**5对,**骶神经**5对和**尾神经**1对。脊神经出椎间孔后分为前、后两支。后支较小,走向后方,分布于枕、项、背、腰和臀部的皮肤及深层肌。前支粗大,除大部分胸神经前支外,其余各支分别交织成丛,计有**颈丛**、**臂丛**、**腰丛**、**骶丛**。在头颈、上肢和下肢或完整尸体标本上观察。

1. **颈丛** 翻开胸锁乳突肌,可见第1～4颈神经前支组成的颈丛及其分支。

(1) 皮支：有枕小神经、耳大神经、颈横神经和锁骨上神经。它们经胸锁乳突肌后缘中点浅出,分布于枕部、耳部、颈前区和肩部的皮肤。

(2) 肌支：其中重要的有**膈神经**。膈神经是颈丛中最长的一支,在胸锁乳突肌的深面,沿前斜角肌表面下行,经胸廓上口入胸腔（由锁骨下动、静脉之间通过）,沿心包两侧、肺根前方下行至膈,支配膈的运动和管理胸膜、心包等感觉,右侧的感觉纤维还分布到肝和胆囊等处。

2. **臂丛** 臂丛由第5～8颈神经前支和第1胸神经前支大部分组成,行于锁骨下动脉的后上方,经锁骨之后进入腋窝,在腋窝内围绕腋动脉形成**内侧束**、**外侧束**及**后束**。由各束发出数条长的神经,主要分布到肩、臂、前臂及手的肌和皮肤。

(1) **尺神经**：由内侧束发出,伴肱动脉下行,向下经肘关节后方紧贴尺神经沟下行,渐至前臂前面,伴尺动脉走行,达腕部经掌腱膜的深面入手掌,尺神经在前臂发出分支支配尺侧腕屈肌和指深屈肌尺侧半,入手掌发出分支支配小鱼际肌、拇收肌和第3、第4蚓状肌及骨间肌等。皮支分布手掌尺侧1/3区及尺侧1个半手指的皮肤,手背面尺侧1/2及尺侧2个半指的皮肤。

(2) **正中神经**：由外侧束和内侧束各发出一个根会合而成。在腋动脉前方寻找该神经,可见其两根与尺神经、肌皮神经之间呈"M"形。该神经伴肱动脉下行至肘窝,并穿过旋前圆肌向下经指浅、深屈肌之间,再经腕部达手掌。该神经在臂部无分支,在前臂部发出肌支,支配除肱桡肌、尺侧腕屈肌和指深屈肌尺侧半以外的所有前臂前群肌。在掌部正中神经的终支支配除拇收肌以外的鱼际肌和第1、第2蚓状肌。皮支分布于手掌桡侧2/3区、桡侧3个半指掌面及桡侧3个半指中节、远节背面的皮肤。

(3) **肌皮神经**：由外侧束发出,其肌支支配臂部前群肌的肱二头肌、喙肱肌和肱肌,皮支为前臂外侧皮神经,分布于前臂外侧皮肤。

(4) **桡神经**：此神经最粗大,由后束发出,其主干行于肱骨后面,紧贴桡神经沟走向外下,在肱骨外上髁前方分深、浅两支。深支穿旋后肌至前臂的后面,支配前臂的伸肌;浅支伴桡动脉下行至前臂远端背面,分布于手背桡侧 1/2 和桡侧 2 个半指背面近节的皮肤。在臂部发出分支支配肱三头肌和肱桡肌。

(5) **腋神经**:起自后束,在腋窝后壁处,可见腋神经向后穿四边孔,绕肱骨外科颈,主要支配三角肌。

3. **胸神经前支** 可在胸后壁或离体肋间神经标本上寻找。胸神经前支共 12 对。第 1~11 对各自位于相应的肋间隙内,称肋间神经。第 12 对胸神经前支位于第 12 肋下方,故名肋下神经。上 6 对肋间神经分布于相应的肋间肌、胸壁皮肤及壁胸膜,下 5 对肋间神经和肋下神经除分布于相应的肋间肌、胸壁皮肤、壁胸膜外,还进一步向前下斜行进入腹壁,走在腹内斜肌与腹横肌之间,支配腹前外侧壁的肌、皮肤以及壁腹膜。

4. **腰丛** 在暴露腹后壁的标本上观察。翻开腰大肌,于腰椎横突前方可见腰丛。它由第 12 胸神经前支的一部分、第 1~3 腰神经前支和第 4 腰神经前支的一部分组成。主要分支有:

(1) **股神经**:是腰丛的最大分支。此神经沿腰大肌的外侧缘下降,经腹股沟韧带的深面和股动脉的外侧进入股三角,分支支配大腿前群肌和大腿前面的皮肤。股神经的皮支中有一支最长,称为隐神经,与大隐静脉伴行,向下分布于小腿内侧面及足内侧缘皮肤。

(2) **髂腹下神经与髂腹股沟神经**(示教):此两神经自腰大肌外侧缘走出,髂腹下神经于腹股沟管浅环上方浅出;髂腹股沟神经自腹股沟管浅环穿出,两者均分布于腹股沟区的肌和皮肤。

(3) **闭孔神经**:沿腰大肌的内侧向下穿过闭孔至大腿内侧,分布于大腿内侧群肌和大腿内侧的皮肤。

5. **骶丛** 可在带有骨盆矢状切面的标本上观察。它由第 4 腰神经前支一部分、第 5 腰神经前支和全部骶神经前支以及尾神经前支组成,位于小骨盆腔内,紧贴梨状肌的前面。由骶丛发出的神经主要有:

(1) **坐骨神经**:从梨状肌下孔出骨盆,至臀大肌深面,在坐骨结节和股骨大转子之间下行至大腿后面,沿途分支支配大腿后群肌。坐骨神经一般在腘窝上角分为胫神经和腓总神经两终支。

1) **胫神经**:沿腘窝中线向下,在小腿后面的浅、深层肌之间伴胫后动脉下行,通过内踝后方至足底,分成足底内侧神经和足底外侧神经。胫神经肌支分布于小腿后群肌和足底肌,皮支分布于小腿后面及足底的皮肤。

2) **腓总神经**:沿腘窝外侧向外下,绕过腓骨颈,达小腿前面,分为腓深神经和腓浅神经。腓深神经伴胫前动脉下降,支配小腿前群肌及足背肌等。腓浅神经行于小腿外侧肌群内,并支配该群肌。腓浅神经于小腿下部 1/3 处穿出深筋膜,分布于小腿外侧、足背及趾背的皮肤。

(2) **阴部神经**:经梨状肌下孔出骨盆,再经坐骨小孔至坐骨肛门窝,沿窝的外侧壁向前,其分支分布于会阴部、外生殖器及肛门的肌和皮肤。

【**复习思考题**】

1. 颈丛的组成、位置、主要分支及分布范围如何?
2. 臂丛的组成、位置及主要分支有哪些?
3. 臂肌包括哪些?各受何神经支配?
4. 前臂肌包括哪些?各受何神经支配?

5. 试述手的皮肤感觉神经分布。
6. 腰丛的组成、位置、主要分支及分布范围如何？
7. 骶丛的组成、位置及主要分支有哪些？
8. 坐骨神经的来源、主要分支及分布范围如何？
9. 大腿肌和小腿肌的神经支配如何？

第三节 脑

【目的要求】

1. 掌握脑干的位置、分部及主要外部形态结构。
2. 熟悉主要脑神经核的名称、位置和性质；薄束核、楔束核的位置和性质；脑干内的主要纤维束（锥体束、内侧丘系、三叉丘脑束、脊髓丘脑束）。
3. 了解红核、黑质的位置；脑干网状结构概念和脑干的功能。
4. 掌握小脑的位置和外形；了解小脑的构造。
5. 掌握间脑的主要位置和分部；熟悉背侧丘脑的位置和主要结构，下丘脑位置、形态结构及其主要核团，后丘脑的位置和功能；了解下丘脑的功能。
6. 掌握大脑半球的分叶，主要沟、回、裂；基底核的概念和构成；内囊的位置、分部及各部通过的主要纤维束。
7. 熟悉大脑重要的皮质中枢（躯体运动中枢、躯体感觉中枢、视觉中枢、听觉中枢）的位置。
8. 了解大脑皮质的结构；语言中枢的位置；大脑髓质的概念；边缘系统的概念。

【教学时数】

2学时。

【实验教具】

1. 标本　①全脑、脑干标本和脑的分离标本；②小脑和小脑横切面标本（示小脑核）；③脑的正中矢状切面标本、大脑水平切（示内囊）面标本。
2. 模型　有机玻璃脑干模型（示神经核）、脑干放大模型、塑料脑模型、脑室模型。

【参考教材】

严振国. 正常人体解剖学. 上海：上海科学技术出版社, 2006. 221～237

【注意事项】

1. 观察脑标本时要小心和爱护，切勿用镊子夹持，要轻拿轻放。
2. 端脑和间脑之间及间脑各部分之间的分界和范围不易看清，观察时应注意。
3. 观察标本和模型要结合不同标本和模型体会各结构的立体概念。

【实习内容】

脑位于颅腔内。一般分为**端脑**、**间脑**、**小脑**、**中脑**、**脑桥**和**延髓**六个部分。通常将延髓、脑桥和中脑合称脑干。取完整脑标本观察，上方有两个半球形隆起即大脑半球，端脑就是由两个大脑半球组成。大脑半球的后下方为小脑。小脑的前方,呈柄状的部分即为脑干,脑干和端脑之间为间脑。

1. **脑干**

(1) 脑干的外形:在脑干标本或模型上观察,脑干自下而上依次为延髓、脑桥和中脑,共由三部分组成。

脑干的腹侧面,最下部是**延髓**。延髓形似倒置的圆锥体,其上部略膨大,借延髓脑桥沟与脑桥分隔,下部较细,通过枕骨大孔续于脊髓。在延髓腹侧面的正中线上有前正中裂,与脊髓的前正中裂相接续,裂的两侧各有一纵行隆起,称**锥体**,内有皮质脊髓束纤维通过。皮质脊髓束的纤维大部分在锥体下方进行左、右交叉称**锥体交叉**。在锥体的外侧有一纵行沟,称**前外侧沟**,内有舌下神经根丝穿出。在延髓侧面的纵沟内,自上而下有舌咽神经、迷走神经和副神经的根丝附着。延髓的背侧面,上部为第四脑室底**菱形窝**的下部,下部有两个膨大的隆起分别为**薄束结节**和**楔束结节**,其深面有薄束核和楔束核。楔束结节外上方的隆起为**小脑下脚**。

脑桥腹侧面圆隆而宽阔,称为**基底部**。脑桥基底部向两侧逐渐变窄,移行为**小脑中脚**。基底部和小脑中脚交界处可见三叉神经的根丝附着。在基底部的正中线上有一条纵行浅沟,称**基底沟**,内有基底动脉经过。在延髓脑桥沟内由内侧向外侧依次有展神经、面神经、前庭蜗神经的根丝附着。脑桥背侧面形成第四脑室底的上部。第四脑室底呈菱形,故称菱形窝。菱形窝的外上界为**小脑上脚**。

中脑腹侧面上界为视束,下界为脑桥上缘,主要有两条纵行的柱状结构,称**大脑脚**,内有锥体束等经过。两脚间的深窝称**脚间窝**,由脚间窝穿出一对动眼神经。中脑的背侧面,有两对圆形隆起,称**四叠体**或**顶盖**。上方一对隆起为**上丘**,下方的一对为**下丘**。在下丘的下方,有较细的滑车神经穿出脑干,它绕大脑脚走向腹侧面。

(2) 脑干的内部结构:主要在有机玻璃脑干模型上观察(示教)。

2. **小脑** 在脑模型和脑的正中矢状切面标本上观察。小脑位于颅后窝内,由两侧隆起的**小脑半球**和中间缩窄的**小脑蚓**组成。小脑半球下面小脑蚓垂的两侧椭圆形隆起部分,称**小脑扁桃体**,其位置恰好在枕骨大孔上方。在小脑横切面标本上观察其表面为灰质,称**小脑皮质**,内部色浅为白质,称**小脑髓质**。白质内埋藏有灰质块,称**小脑核**。其中最大的为**齿状核**。

3. **间脑** 在脑模型、脑正中矢状切面的标本和脑干标本上观察。间脑位于端脑和中脑之间,绝大部分被大脑半球掩盖,间脑中间有一矢状裂隙称为**第三脑室**。间脑主要包括背侧丘脑(丘脑)、下丘脑和后丘脑三部分。

(1) **背侧丘脑**:是间脑的最大部分,从脑干标本和模型上观察,可见它位于中脑上方,为卵圆形的灰质块,其外侧紧贴内囊,内侧面为第三脑室侧壁的一部分,前下方邻接下丘脑。两者之间以下丘脑沟为界。

(2) **后丘脑**:位于背侧丘脑后下方,包括**内侧膝状体**和**外侧膝状体**。内侧膝状体接受听觉纤维,是听觉传导路的中继站。外侧膝状体接受视束纤维,是视觉传导路的中继站。

(3) **下丘脑**:位于背侧丘脑的前下方,从脑底面观察,可见前部的视交叉及行向后外方的视束。视交叉后方有单一的细蒂,称**漏斗**。漏斗向前下方连于卵圆形的垂体(重要的内分泌腺)。

4. **端脑(大脑)**

(1) 大脑半球的外形:在完整脑标本和模型上观察,可见大脑由左、右两个大脑半球构成,两个半球间有**大脑纵裂**,裂底有连结两个半球的横行纤维构成的**胼胝体**。大脑半球表面为大脑皮质,大脑皮质上有许多沟或裂,沟和沟之间凸起的部分称大脑回。每个半球可分为上外侧面、内侧面和下面。

1) 大脑半球的分叶:在大脑半球上外侧面有一由前下方走向后上方的深沟,称**外侧沟**。自半球上缘中点稍后方有一条由后上走向前下的沟,称**中央沟**。半球内侧面后部由前下方走向后上方的深沟,称**顶枕沟**,根据上述3条沟可将大脑半球区分为额叶、顶叶、枕叶、颞叶和岛叶5叶。

2) 大脑半球上外侧面的沟和回:在中央沟之前有**中央前沟**,两者之间为**中央前回**。在中央前回下部的前方有**额下回**。在中央沟之后有**中央后沟**,两者之间为**中央后回**。隐藏在外侧沟深处的颞上回上有2~3个横行短回,称**颞横回**。

3) 大脑半球内侧面的沟和回:在胼胝体的上缘有胼胝体沟,此沟上方有一沟称**扣带沟**。扣带沟和胼胝体沟之间的脑回称**扣带回**。胼胝体后下方有弓形走向枕叶后端的沟称**距状沟**。位于颞叶内侧的脑回称**海马旁回**。海马旁回向前弯成钩状称**钩**。胼胝体和背侧丘脑的前端之间有一孔,称**室间孔**,是侧脑室与第三脑室相通的孔道。

扣带回、海马旁回及钩,它们呈半环形,位于大脑和间脑的边缘处,故称**边缘叶**。

4) 大脑半球的下面:由前部的额叶、中部的颞叶和后部的枕叶构成。在额叶下面前内侧有一椭圆形的**嗅球**,它的后端变细为**嗅束**。

(2) 大脑半球的内部结构

1) 大脑皮质和髓质:在大脑半球上部的水平切面上观察,可见其周边部分颜色较深,为**大脑皮质**;中央部分颜色较浅为**大脑髓质**,此处髓质主要由胼胝体纤维所构成。在大脑半球较低水平切面上观察,可见胼胝体纤维大部分横行,在前后端则呈钳状走向两侧额极及枕极。胼胝体为连合左右大脑半球的主要纤维束。

2) 基底核与内囊:在大脑半球中部的水平切面上观察,可见髓质中包埋着灰质团块。它们靠近大脑底部,故称**基底核**。借助大脑分离标本和有机玻璃脑干模型观察,可见位于背侧丘脑前、上、外、后方的**尾状核**和在背侧丘脑外侧的**豆状核**。尾状核与豆状核合称**纹状体**。

在脑的水平切面上,位于尾状核、背侧丘脑与豆状核间有"><"形的白质区,称**内囊**。内囊由前向后分为内囊前肢、内囊膝和内囊后肢。内囊前肢位于尾状核和丘脑之间,有下行的额桥束纤维通过。内囊膝位于前、后肢之间,有下行的皮质脑干(核)束纤维通过。内囊后肢位于背侧丘脑和豆状核之间,主要有皮质脊髓束、丘脑皮质束、视辐射和听辐射纤维通过。

3) 侧脑室:参见本章第七节。

【复习思考题】

1. 后10对脑神经连脑的部位在何处?
2. 小脑的位置和外形如何?
3. 间脑主要包括哪几部分?
4. 大脑的分叶如何?
5. 什么是基底核?什么是纹状体?
6. 什么叫内囊?分几部分?各部通过哪些传导束?

第四节 脑神经

【目的要求】

1. 掌握脑神经的数目、名称、纤维成分;动眼神经、三叉神经、面神经、迷走神经、舌下神经的主要分布范围及其一般功能。

2. 熟悉脑神经出入颅的部位;视神经、滑车神经、展神经和副神经的主要分布范围和一般功能。

3. 了解嗅神经、前庭蜗神经、舌咽神经的主要分布范围及一般功能;角膜反射的途径。

【教学时数】

1~2学时。

【实验教具】

1. 标本 ① 去颅盖骨的颅骨标本,取脑保留有硬脑膜的头矢状切面标本;去眶上壁的眶内结构标本(含睫状神经节);② 三叉神经、面神经、迷走神经(头、颈、胸部)、舌咽神经、副神经及舌下神经标本。

2. 模型 脑干模型、三叉神经模型、头面部神经模型、颞骨和耳模型。

【参考教材】

严振国.正常人体解剖学.上海:上海科学技术出版社,2006.237~248

【注意事项】

1. 脑神经比较复杂,为了学好,首先应复习颅骨的解剖结构,如颅前窝的筛孔,颅中窝的视神经管、眶上裂、圆孔、卵圆孔,颅后窝的内耳门、颈静脉孔、舌下神经管、茎乳孔、眶上切迹、眶下孔、颏孔、下颌孔等。

2. 脑神经比较细小,故观察时要特别细心,动作要轻巧,切勿拉断,注意爱惜标本。

3. 脑神经纤维复杂,概括为以下4种:① 躯体感觉纤维;② 内脏感觉纤维;③ 躯体运动纤维;④ 内脏运动纤维。不同的神经到同一个器官执行的功能不同,故要注意脑神经各种纤维成分的功能。

4. 一对脑神经的内容有时不能在一个标本上完全看到,需在不同标本或模型上配合观察。

【实习内容】

分别在不同的标本上观察12对脑神经。

1. 嗅神经 在保留鼻中隔的头部矢状切面标本上观察,可见鼻中隔的上部和上鼻甲突起部的黏膜内有15~20条嗅丝,向上穿筛孔,终于嗅球。

2. 视神经 在去眶上壁的标本上观察,可见眼球后极偏内侧有粗大的视神经穿出眼球,经视神经管入颅腔。

3. 动眼神经 在脑干的模型或附有脑神经根的脑干标本上观察,可见动眼神经自中脑腹侧的脑脚间窝穿出。取眶上壁和外侧壁的标本观察,可见动眼神经经过海绵窦外侧壁,穿眶上裂入眶,达眼的上、下、内直肌、下斜肌和上睑提肌,还有小支与睫状神经节相连(是动眼神经的副交感纤维,换神经元后分布到瞳孔括约肌和睫状肌)。

4. **滑车神经** 用同上的标本观察,可见由中脑背侧下丘下方发出的滑车神经,绕大脑脚至腹侧,向前经海绵窦穿眶上裂入眶内,支配上斜肌。

5. **三叉神经** 取三叉神经标本和模型观察,可见三叉神经连于脑桥,往前行于颞骨岩部,在硬脑膜下方有膨大的三叉神经节,从节上发出3支:

(1) **眼神经**:经眶上裂入眶内,分支分布于眼球、结膜、角膜、泪腺、鼻腔黏膜以及鼻背。

眼神经的一个终支,名为**眶上神经**,它沿眶上壁下面前行经眶上切迹(或眶上孔),分布于上睑和额顶部皮肤。

(2) **上颌神经**:穿圆孔出颅,经眶下裂入眶改名为**眶下神经**,分布于眼裂、口裂之间的皮肤。沿途还分支分布于上颌窦和鼻腔的黏膜以及上颌牙齿和牙龈等处。

(3) **下颌神经**:经卵圆孔出颅后立即分为许多分支,其运动纤维支配咀嚼肌;感觉纤维则分布于下颌牙齿、牙龈、颊和舌前2/3的黏膜,以及耳前和口裂以下的皮肤。下颌神经的主要分支有下牙槽神经、**舌神经**。

6. **展神经** 可在带神经根的脑干标本和去眶上壁的标本上观察,展神经由脑桥延髓沟出脑,经眶上裂入眶内,支配外直肌。

7. **面神经** 主要纤维发自脑桥的面神经核,由脑桥延髓沟中出脑,入内耳门(在颞骨模型观察),经颞骨面神经管,最后出茎乳孔,穿过腮腺,呈放射状分布于面部表情肌等(在面神经和头面部神经模型上观察)。此外,面神经还有内脏感觉(味觉)纤维,内脏运动(副交感)纤维。

8. **前庭蜗神经** 包括传导听觉的纤维和传导平衡觉的纤维。在耳模型和内耳透明标本上观察,可见此神经与面神经同行入内耳门,分布到内耳(前庭和耳蜗)。

9. **舌咽神经** 此神经由延髓侧面发出后,经颈静脉孔出颅达咽及舌后1/3。此神经的重要分支是窦神经(颈动脉窦支),沿颈内动脉下行,达颈动脉窦及颈动脉小球。

10. **迷走神经** 在头、颈、胸部的标本上观察。此神经在延髓侧面离开脑干,经颈静脉孔出颅,在颈部走在颈总动脉与颈内静脉之间的后方,经胸廓上口入胸腔,通过肺根的后面沿食管下降,经膈的食管裂孔入腹腔达胃的前、后面、胃小弯和肝等。行程中发出许多分支。这里只观察喉返神经,左侧喉返神经勾绕主动脉弓,右侧喉返神经勾绕锁骨下动脉。喉返神经回返向上,行于食管和气管间沟内至咽下缩肌下缘,改称**喉下神经**,分布于大部分喉肌和声门裂以下的喉黏膜。

11. **副神经** 翻开胸锁乳突肌向上,其深面相连该肌的神经即副神经。此神经在延髓侧面离开脑干,经颈静脉孔出颅,支配胸锁乳突肌和斜方肌。

12. **舌下神经** 在颈部深层标本上观察。首先找到颈外动脉下部,于该动脉前面跨过,连于舌的神经即舌下神经,该神经由延髓锥体外侧离开脑干,经舌下神经管出颅,支配舌肌。

【复习思考题】

1. 眼外肌有哪些?各受何神经支配?
2. 面部皮肤感觉、表情肌和咀嚼肌的运动各受何神经支配?
3. 眼的视觉、角膜感觉、泪腺分泌各受何神经支配?
4. 简述舌的神经支配。

第五节 传 导 通 路

【目的要求】

1. 掌握全身浅感觉的传导通路、躯干和四肢意识性的本体觉传导通路、锥体系运动传导通路。
2. 熟悉视觉传导通路、瞳孔对光反射通路。
3. 了解非意识性本体觉传导通路；锥体外系的组成及功能。

【教学时数】

1~2学时。

【实验教具】

运动和感觉传导通路模型。

【参考教材】

严振国. 正常人体解剖学. 上海：上海科学技术出版社,2006.249~255

【注意事项】

1. 要了解各个传导通路模型切面所代表的部位。
2. 各传导通路换神经元的位置。
3. 传导束是否交叉和交叉部位。

【实习内容】

此次实习,利用神经传导通路模型观察传导通路的行程,然后进行病例分析。在观察传导通路之前,请老师根据本院校传导通路模型情况,分别介绍每个传导通路各切面,并在各切面上复习有关重要的灰、白质结构、位置,同时介绍各种颜色的塑料丝(或线)和塑料珠分别代表什么传导束和神经元。

1. 感觉传导通路

(1) **躯干、四肢意识性的本体觉传导通路**：该通路由三级神经元组成。**第1级神经元**的胞体位于脊神经节内(假单极神经元)。其周围突随脊神经分布至躯干和四肢的肌、腱和关节的本体感受器和皮肤的精细触觉感受器。中枢突经后根进入脊髓同侧后索中上行。其中来自脊髓第4胸段以下的纤维形成薄束,来自第4胸段以上的纤维形成楔束。两束上行至延髓,分别止于薄束核和楔束核,换**第2级神经元**。由薄束核和楔束核发出的纤维向前绕过中央管的腹侧,在中线上与对侧交叉,称内侧丘系交叉。交叉后的纤维在中央管两侧上行,称内侧丘系,经脑桥和中脑,止于背侧丘脑,换**第3级神经元**。由背侧丘脑发出的纤维组成丘脑皮质束,经内囊后肢投射到中央后回的上2/3和中央旁小叶的后部。

(2) **躯干、四肢的浅感觉传导通路**：该通路亦由三级神经元组成。**第1级神经元**是脊神经节内,其周围突随脊神经分布至躯干和四肢皮肤内的感受器,中枢突经后根进入脊髓灰质后角中,换**第2级神经元**。由脊髓后角发出的纤维上升1~2个节段,经中央管前方的白质前连合交叉到对侧。其中一部分纤维进入外侧索上行,组成脊髓丘脑侧束(传导痛、温觉),另一部分纤维进入前索上行,组成脊髓丘脑前束(传导粗触觉)。两束向上经延髓、脑桥和中脑止于背侧丘脑,换**第 3 级神经元**。由背侧丘脑发出的纤维组成丘脑皮质束,经内囊后肢投射到中央后回上 2/3 和中央旁小叶的后部。

(3) **头面部的浅感觉传导通路**:亦由三级神经元组成。第 1 级神经元的胞体位于三叉神经节内,其周围突经三叉神经分布于头面部皮肤和黏膜的感受器,中枢突经三叉神经根入脑桥,分成短的升支和长的降支。升支传导触觉,止于三叉神经脑桥核,降支传导痛、温觉,止于三叉神经脊束核,在核中换**第 2 级神经元**。由三叉神经脑桥核和脊束核发出纤维交叉至对侧组成三叉丘系,向上止于背侧丘脑,换**第 3 级神经元**。由背侧丘脑发出的纤维参与组成丘脑皮质束,经内囊后肢,投射到中央后回下部。

(4) **视觉传导通路**:用视觉传导通路模型,结合视觉传导通路挂图观察。视觉传导通路的感受器为视网膜内的视锥和视杆细胞。**第 1 级神经元**和**第 2 级神经元**分别是视网膜中的双极细胞和神经节细胞,神经节细胞的轴突在视神经盘处集合向后行,出眼球组成视神经,其中来自视网膜鼻侧半的纤维在视交叉内交叉到对侧;而来自视网膜颞侧半的纤维在视交叉处不交叉走向同侧,与对侧视交叉过来的纤维共同组成视束。视束纤维绕过大脑脚,多数纤维终于外侧膝状体,换**第 3 级神经元**。由外侧膝状体发出的纤维组成视辐射经内囊后肢,投射到枕叶距状沟上、下的皮质,即视觉中枢。

2. 运动传导通路

(1) **锥体系**

1) **皮质核束**:又称皮质脑干束。在传导通路模型上大脑冠状面的部位观察,可见中央前回下部的锥体细胞的轴突集合组成皮质核束。皮质核束的纤维,在大脑水平切面上经内囊膝部,下行至脑干。其中一部分纤维终止于两侧的躯体运动核(动眼神经核、滑车神经核、展神经核、三叉神经运动核、面神经核的上部、疑核和副神经核)。另一束纤维下行至脑桥下部,止于对侧的面神经核下部和舌下神经核。面神经核上部接受双侧皮质核束纤维,其轴突组成面神经运动纤维,支配面上部表情肌;面神经核下部只接受对侧的皮质核束纤维,其轴突也组成面神经运动纤维,支配面下部表情肌。舌下神经核也只接受对侧的皮质核束纤维,其轴突组成舌下神经,支配舌肌。

2) **皮质脊髓束**:在传导通路模型上大脑冠状面的部位观察,可见中央前回上、中部和中央旁小叶前部皮质的锥体细胞的轴突集合组成皮质脊髓束。皮质脊髓束的纤维在大脑水平切面上经内囊后肢的前部,下行经中脑、脑桥至延髓,构成锥体。在锥体下端,大部分纤维左右交叉后下降至脊髓外侧索中形成皮质脊髓侧束。皮质脊髓侧束在下降中陆续直接或间接止于各节的前角运动细胞。在锥体下端没有交叉的纤维下行入脊髓前索,形成皮质脊髓前束,逐节经白质前连合交叉至对侧,止于前角运动细胞。前角运动细胞的轴突参与组成脊神经前根的躯体运动纤维,支配躯干和四肢骨骼肌。

(2) **锥体外系**:结合挂图和模型,认识锥体外系的组成。

3. 病例分析

病例一:陈某,男,62 岁,有高血压病史,3 日前因情绪激动,突然昏倒不省人事,经医院抢救,逐渐苏醒,检查发现:

(1) 左侧上、下肢呈痉挛性瘫痪,肌张力增高,腱反射亢进并出现病理反射。

(2) 左侧眼裂以下面部表情肌瘫痪,左鼻唇沟消失,口角歪向右侧,左侧舌肌瘫痪,伸舌时舌尖偏向左侧。

(3) 左半身(包括面部)浅、深感觉全部丧失。

(4) 双眼视野出现左侧偏盲(患者看不见左边的物象)。

分析：

(1) 左侧上、下肢痉挛性瘫痪,肌张力增强,腱反射亢进以及病理反射阳性,是上运动神经元(皮质脊髓束)损伤的表现。由于大脑皮质对脊髓失去控制作用,而出现肌张力增强,痉挛性瘫痪和腱反射亢进。

(2) 面部和舌的体征是皮质核束受损伤产生的上运动神经元病变的表现,因为面神经核下部和舌下神经核只接受对侧皮质核束纤维支配,故一侧的上运动神经元(皮质核束)受损后,可出现对侧眼裂以下面部表情肌和舌肌半侧瘫痪。下运动神经元对肌有营养作用,现下运动神经元未损伤,故肌可以不出现萎缩。

(3) 左侧浅、深感觉丧失,是由于管理感觉的纤维左右交叉形成脊髓丘脑束、三叉丘脑束、内侧丘系,然后都在内囊处集中形成丘脑皮质束,最后投射到中央后回,所以当通过一侧内囊的丘脑皮质束受损时,可使对侧的浅、深感觉丧失。

(4) 双眼视野左侧偏盲是由于右侧视辐射(或右视束)受损而产生左侧视野偏盲(患者看不见左边的物象)。

(5) 患者有年纪大、高血压和突然昏迷等病史,结合上述体征分析,故诊断为脑溢血,病变部位在右侧内囊。因为右侧内囊是管理对侧运动、感觉和视野的纤维束最集中的部位,如此处血管由于高血压而突然破裂出血,血肿可损害上述这些纤维束的功能,于是出现三偏症状。

小结：

(1) 病变影响皮质脊髓束和皮质核束的功能。

(2) 病变影响痛、温、视、本体觉。

(3) 运动、感觉和视觉传导纤维在内囊处集中,大脑功能为对侧管理,故病变在右侧内囊。

(4) 由病史和体征分析,可诊断为：脑溢血(右侧内囊)。

病例二：王某,男,5 岁,高热数日后,出现右下肢运动困难。3 个月后检查发现,右股四头肌瘫痪,肌张力减退并有肌萎缩和右膝跳反射消失,但右跟腱反射存在,双下肢浅、深感觉正常。你认为病变在什么部位？为什么？

分析：

(1) 右股四头肌瘫痪,肌张力减退并有肌萎缩和右膝跳反射消失等体征是软瘫的表现,是由于支配股四头肌的下运动神经元受损所致。右股四头肌受右股神经支配,其神经元是同侧的脊髓第 2~4 腰段的前角细胞,故病变部位在右侧脊髓第 2~4 腰段的前角。

(2) 右跟腱反射存在,表示小腿后群肌正常。

(3) 股四头肌萎缩的原因是由于下运动神经元受损后,该肌得不到神经元的营养所致。

(4) 双下肢浅、深感觉无变化,说明脊髓前索、侧索的脊髓丘脑束和脊髓后索的传导功能存在,即脊髓白质和脊髓后角未受病变影响。

(5) 患儿的病史有高热数日后出现下肢运动障碍而感觉正常,其病因符合一种常见病：脊髓前角灰质炎(通称小儿麻痹症)。

小结：

(1) 病变部位在脊髓第 2~4 腰段的右侧前角。

（2）脊髓白质未受损伤,故浅、深感觉正常。
（3）股四头肌失去神经元的营养而萎缩。
（4）病史和体征符合一种常见的病毒感染疾病：脊髓前角灰质炎所引起的后遗症(小儿麻痹症)。

【复习思考题】
1. 试述躯干四肢意识性的本体觉传导通路。
2. 针刺合谷穴时,其皮肤的痛觉如何传至大脑皮质?
3. 以视觉传导通路为依据,论述视交叉纤维损伤可出现哪些症状?为什么?
4. 锥体束的上、下运动神经元损伤出现的临床表现有何不同?为什么?
5. 试述皮质核束上、下运动神经元胞体的位置及名称。
6. 一侧内囊损伤有何临床表现?为什么?

第六节 自主神经系统

【目的要求】
1. 掌握自主神经系统的区分及分布,交感和副交感神经低级中枢的位置。
2. 熟悉内脏运动神经与躯体运动神经的区别;灰、白交通支;交感干的位置和组成。
3. 了解腹腔神经节、肠系膜上神经节、肠系膜下神经节的位置;交感神经节前纤维和节后纤维的去向;内脏感觉的特点等。

【教学时数】
0.5学时。

【实验教具】
标本与模型 ① 交感神经标本,内脏神经模型;② 脊神经标本和模型;③ 第3、第7、第9、第10对脑神经标本。

【参考教材】
严振国.正常人体解剖学.上海：上海科学技术出版社,2006.255～260

【注意事项】
1. 为了帮助同学建立系统概念,需复习以前学习过的有关内容：如脊髓的侧角、脑干内的副交感神经核以及第3、第7、第9、第10对脑神经。
2. 观察标本时要结合模型和挂图帮助理解。
3. 灰、白交通支用肉眼观察不易区别。

【实习内容】
自主神经系统可分为**内脏运动神经**和**内脏感觉神经**两种。内脏运动神经又分为交感神经和副交感神经。交感神经和副交感神经各有中枢部和周围部。中枢部已在中枢神经系统观察,本次实验只观察周围部。

1. **交感神经** 交感神经节可分为**椎旁神经节**和**椎前神经节**。

(1) **椎旁神经节**：成对，位于脊柱的两侧，呈串珠状，(借节间支连成交感干)交感干上起颅底，下至尾骨的前面两干合并，终于一个奇神经节。每条交感干各有19～24个节。椎旁神经节可分为颈部、胸部、腰部、骶部和尾部。

颈部：有3对神经节，分别称为**颈上神经节**、**颈中神经节**和**颈下神经节**。颈中神经节小，且常常缺如。颈下神经节常与第1胸神经节合并形成颈胸神经节(星状神经节)。寻认各神经节与脊神经相连的交通支及发出的心支。

胸部：有10～12对胸神经节，寻认以下分支。① **交通支**：胸部各节均有交通支与脊神经相连。② **内脏大神经**：由第6～第9胸交感神经节穿出的节前纤维，向下合并而成。此神经向下穿过膈，终于腹腔神经节。③ **内脏小神经**：由第10～第11(或第12)胸交感神经节穿出的节前纤维，斜向下合并而成。此神经向下穿过膈，终于主动脉肾神经节。

腰部：有4～5对腰神经节。

骶部：有2～3对骶神经节。

尾部：有1个奇神经节。

(2) **椎前神经节**：略。

2. **副交感神经** 分为颅部和骶部。颅部副交感神经的节前纤维，分别随第3、第7、第9、第10对脑神经走行(同学可观察和复习上述4对脑神经标本)。骶部副交感神经的节前纤维随骶神经前支出骶前孔组成盆内脏神经，参加盆丛。

【复习思考题】
1. 交感神经的低级中枢位于何处？交感神经节有哪些？
2. 副交感神经的低级中枢位于何处？副交感神经节有哪些？

第七节 脑和脊髓的被膜、脑室和脑脊液、脑的血管

【目的要求】
1. 掌握脑和脊髓被膜的层次名称；脑室的名称、位置；脑脊液的循环途径；大脑动脉环的位置、组成。
2. 熟悉硬膜外隙、蛛网膜下隙、蛛网膜粒的位置；硬脑膜窦、终池、小脑延髓池的概念；颈内动脉主要分支名称；大脑中动脉的分布范围。
3. 了解大脑镰、小脑幕的位置；海绵窦、上矢状窦、横窦、乙状窦和窦汇的位置及汇入。

【教学时数】
0.5学时。

【实验教具】
标本与模型 ① 开颅和去椎板显示脑、脊髓被膜的标本；② 游离硬脑膜标本；③ 脑血管标本和模型。

【参考教材】
严振国.正常人体解剖学.上海：上海科学技术出版社，2006.260~270

【注意事项】
本次实习所用的标本容易损坏，应特别注意保护，观察血管切忌用力牵拉。

【实习内容】
1. 脑和脊髓的被膜　取已开颅和去掉椎板的标本以及离体脑膜标本观察。

(1) 硬膜：可分为硬脑膜和硬脊膜。

1) **硬脑膜**：可见贴附在颅骨内面，为一层较厚且坚韧而致密的膜，即为硬脑膜。此膜外面粗糙，内面光滑。在颞部撕开硬脑膜对光亮处观察，可见脑膜中动脉的分支。硬脑膜在相当于矢状缝处有一形如镰刀状向下垂的皱襞称**大脑镰**，伸入大脑纵裂中；在相当于横窦沟处的硬脑膜伸入大、小脑之间，称**小脑幕**。硬脑膜在某些部位两层分开，形成**硬脑膜窦**。主要有：上矢状窦，位于大脑镰的上缘；直窦，在大脑镰和小脑幕连接处；横窦，位于颅骨横窦沟内；乙状窦，位于乙状窦沟内。

2) **硬脊膜**：是脊髓最外面的一层被膜，上端附于枕骨大孔的边缘，与硬脑膜相续；下端于第2骶椎水平以下变细，包裹终丝，附于尾骨。硬脊膜和椎管内骨膜之间的腔隙称**硬膜外隙**。

(2) **蛛网膜**：位于硬膜的深面，是一层透明的薄膜，跨越脑和脊髓的沟裂。在上矢状窦两旁，蛛网膜部分向上矢状窦突入，形成**蛛网膜粒**。蛛网膜与软膜间的空隙称**蛛网膜下隙**。此腔主要在两处变大，其一在小脑和延髓之间称**小脑延髓池**，另一个在脊髓末端和第2骶椎水平之间的一段称**终池**。

(3) 软膜：紧贴于脑和脊髓表面，并伸入沟裂之间，分别称**软脑膜**和**软脊膜**。软脑膜还参与构成**脉络丛**；在侧脑室、第三脑室和第四脑室等处可见到脉络丛。

2. 脑室和脑脊液

(1) 脑室：为脑内的腔隙，包括**侧脑室**、**第三脑室**和**第四脑室**。

侧脑室位于大脑半球内，左右各一，分为四部分：中央部在顶叶内；前角伸入额叶内；后角伸入枕叶内；下角伸入颞叶内。**第三脑室**为两背侧丘脑、下丘脑之间的裂隙。**第四脑室**位于脑桥、延髓与小脑之间。

(2) **脑脊液**：由各脑室内脉络丛产生，其中以侧脑室脉络丛产生脑脊液量最多（约95%）。脑脊液的循环途径如下：

左、右侧脑室脉络丛产生的脑脊液，经左、右室间孔流入第三脑室，与第三脑室脉络丛产生的脑脊液一起，经中脑水管流入第四脑室，然后与第四脑室脉络丛产生的脑脊液一起经第四脑室正中孔和两外侧孔流入蛛网膜下隙。最后经蛛网膜粒渗入硬脑膜窦中。

3. 脑的血管

(1) 脑的动脉：来源于椎动脉和颈内动脉。在脑的底面标本或脑模型上观察。

1) **椎动脉**：在脑桥基底沟内，左右椎动脉合成一条基底动脉，在脑桥上缘发出左、右大脑后动脉，分布于枕叶和颞叶。

2) **颈内动脉**：经颈动脉管进入颅腔，在视交叉两侧分为**大脑前动脉**和**大脑中动脉**。轻轻分开大脑额叶处的大脑纵裂，可见大脑前动脉行于其内，并可见连于两者之间的小动脉，为前交通动脉。大脑中动脉行于大脑外侧沟。在颈内动脉与大脑后动脉之间有后交通动脉。

大脑后动脉、后交通动脉、颈内动脉、大脑前动脉、前交通动脉在脑底共同围成环状，故称

大脑动脉环。

(2) 脑的静脉：可分浅、深两种。浅静脉位于脑的表面，收集皮质及皮质下白质的静脉血；深静脉收集大脑深部的静脉血，两种静脉均注入附近的硬脑膜窦。

【复习思考题】

1. 脑和脊髓的被膜由外向内依次是什么？何谓硬膜外隙和蛛网膜下隙？
2. 试述脑脊液的产生及其循环途径。
3. 脑的动脉来源如何？大脑动脉环如何构成？